자산이 늘어나는 주식투자

자산이 늘어나는 주식투자

샐러리맨 투자자를 위한 지침서

나가타 준지 지음 · 이정미 옮김

지 Jisangsa
상사

들어가며―

이 책을 고르셨다면 저와 마찬가지로 직장인이면서 주식투자에 관심이 있는 분일 것입니다.

제가 이 책을 통해 전달하고 싶은 메시지는 하나입니다. **'일만 해서는 풍족하게 살 수 없다. 다소 리스크를 감수하더라도 주식투자로 자산을 늘리자.'**

제 소개가 늦었습니다. 직장인이기에 가능한 투자법을 세미나 형식으로 주식투자에 관심이 있는 분들께 전달하는 나가타 준지입니다.

저는 직장인이지만 지금까지 꾸준히 자산을 축적해서 7천만 엔(한화 약 7억 원)까지 늘렸습니다. 나름대로 재현성이 있는 방법을 찾아내서 회사를 다니는 한편으로 주식투자를 계속해 온 성과입니다.

물론 항상 순풍에 돛 단 듯 투자한 것은 아닙니다. 지금은 제게 잘 맞는 투자법을 발견하고 책을 통해 이야기할 수 있게 되었지만, 그전의 투자는 실패투성이였습니다.

실패한 이야기를 하자면 끝이 없습니다. 리먼사태 때의 폭락으로 실패, 닛케이 평균 선물 옵션거래에서 실패…. 큰 손해를 보는 일이 일상다반사였습니다. 아니, 투자에서 확실한 일은 아무것도 없으니, 앞으로도 계속 실패하게 될 것입니다.

그러나 투자라는 분야는 **계속 공부하면 성공률을 50퍼센트에서 60퍼센트 정도로는 높일 수 있습니다.** 왜냐하면 주식시장에는 실패를 피하기 위한 정석을 전혀 공부하지 않은 채 눈앞의 주가 변동만 보고 투자하는 아마추어들이 일정한 비율로 섞여 있으며, 공부를 하면 그 사람들보다는 높은 수준에 올라서는 일이 가능하기 때문입니다.

그래도 투자 공부는 어려워서 무엇부터 배워야 할지 모르겠다며 뒷걸음치는 사람들이 있습니다. 확실히 투자는 학교에서 가르쳐 주지도 않고, 전문용어도 많아서 기억하는 것만 해도 큰일입니다. 하지만 주식투자만으로 생활비를 버는 프로들은 투자에서 승리하기 위해 매일 연구합니다.

예를 들어 자신이 먹기 위해서 수익성을 생각하지 않고 냄비에 음식을 만드는 일과 이익을 얻을 목적으로 소비자들을 위해 안전 기준을 지키고 비용을 절감하며 공장에서 대량으로 음식을 만드는 일은 같은 요리라고 해도 난이도가 완전히 다릅니다. 마찬가지로 개인의 투자와 프로의 투자도 완전히 다릅니다.

그러나 이 책에서도 설명하겠지만 프로의 투자에 필요한 어려운 이론은 개인투자자, 직장인 투자자에게는 불필요합니다.

여기서 한 번, 단순하게 생각해 봅시다.

애초에 주식투자는 무엇을 위해 존재할까요?

주식투자란 **'경영을 잘하는 사람에게 투자자가 돈을 맡겨서 대신 돈을 불리도록 하는 제도'입니다.** 상장하지 않은 중소기업이라면 경영진이 곧 투자자인 경우가 일반적이지만, 누구나 투자할 수 있는 상장기업에서는 경영자와 투자자가 분리되어 있습니다.

만약 모든 것을 다 아는 사람만이 투자를 할 수 있다면 돈은 은행에서 잠자게 될 것이고, 세상 전체의 차원에서 볼 때 자산이 효과적으로 활용되지 못하게 될 것입니다. 또 경영을 잘 알고 복잡한 회계 제도를 모두 이해해야만 투자를 할 수 있다면, 경영을 잘하지 못해도 그 대신 경영자에게 사업 경영을 위탁하는 주식회사라는 제도의 의미가 없을 것입니다.

나아가 설령 프로 투자자라도 외부인인 이상 자신이 투자할 기업에 대해 일부밖에 알지 못합니다. 개인투자자든 기관투자자든 외부인인 것은 마찬가지입니다.

그러므로 오해받을 위험을 감수하고 말하자면, 창업은 스스로 사업을 경영할 수 있는 사람을 위한 도구, **투자는 경영 능력을 가지고 있지 않은 사람이 자산을 늘리기 위한 도구**입니다.

직장인 생활을 몇십 년 해도 경영 능력을 익힐 수는 없지만, 경험을 단서로 경영이 잘 이루어지는 회사를 고르는 일은 가능합니다. 개인투자자의 이점을 살려서 장기간 투자하면 죽도록 노력하지 않아도 자산을 늘릴 수 있습니다. 실제로 저도 10년 이상에 걸쳐 직장에 다니는 한편으로 자산을 늘려왔습니다.

그렇다고는 해도 공부를 전혀 하지 않으면 주식시장 참여자 중 가장 낮은 수준에 머물고 맙니다. 개별주 투자로 자산을 늘리고 싶다면, 남들도 할 수 있는 일을 조금씩, 남들보다 많이 공부해야 합니다. 그렇게 해서 **'B급 투자자'를 목표로 삼으면 충분**하다는 것이 저의 제안입니다.

이 책에서는 저의 실제 거래 이야기를 섞어 가며, 제가 자산을 늘려온 투자법을 전부 소개하겠습니다.

독자 여러분이 스스로의 상황과 비교해 가며 투자의 단서를 찾아낸다면 기쁠 것입니다.

나가타 준지

자산이 늘어나는 주식투자

샐러리맨 투자자를 위한 지침서

차례

제4장

자, 성장주 투자를 시작하자

제5장

성장주 투자에 도전해 보자

제6장

성장주 투자에서는 재무제표를 공략하자

제7장

성장주 포트폴리오를 짜 보자

제8장

'오늘'부터 가능한 B급 투자자의 길

서장

주식투자에서는 실적(증거)이 전부다

이것이 나의 투자 실적

■ 13년간의 투자로 자산이 7천만 엔

우선은 필자의 투자 성적을 공개하겠다. 모르는 사람에게 투자 이야기를 들을 때는 '그래서 자기 투자 성적은 어떤데?'라고 의심하는 것이 당연하다.

아래는 원고를 완성한 시점에서 필자의 은행 계좌 잔액이다. 실제로 투입한 금액은 13년 동안 2천만 엔 정도이므로, 약 3.5배 늘었다는 계산이 된다. 참고를 위해 대략적인 자산 차트도 함께 공개하겠다. 맨 처음에는 실패의 연속이었지만 리먼사태 후에는 시세의 움직임이 좋았던 덕분에 자산이 확실하게 증가했다.

필자의 잔액(2020년 12월 말 시점)

주문 가능액	유지
주문 가능액(2영업일)	9,317,082
(3영업일)	9,317,082
포인트	**유지**
보유 T포인트(*일본에서 가장 흔히 사용하는 포인트 카드)	42pt
그중 기간 한정 T포인트	0pt
최단 유효기간	‥/‥/‥
NISA/적립 NISA 투자 가능액 (*NISA는 일본의 소액 비과세 투자 계좌. 적립 NISA는 그중 장기간의 적립과 분산투자에 특화된 계좌)	**유지**
투자 가능액(2021년) - NISA	1,200,000
보유자산 평가	**유지**
현금 잔액 등(합계)	9,317,082
SBI증권	0
SBI 하이브리드 예금	9,317,082
주식	62,386,500
투자신탁	1,403
합계	**71,704,985**

포트폴리오

주식(현물 특정계좌) (*일본 주식에서 특정계좌란 세금이 원천 징수되는 계좌임)

	보유 주수	취득 단가	현재 주가	평가 손익
1413 히노키야그룹				현물거래
	300	1,375	2,164	+236,700
2352 에이지아				현물거래
	200	857	1,881	+204,800
2371 가카쿠콤				현물거래
	500	1,696	2,830	+567,000
2477 데마이라즈				현물거래
	700	4,984	5,130	+102,200
2515 NF 외국 REIT 헤지 없음				현물거래
	7,700	902	902	0
2925 피클스 코퍼레이션				현물거래
	100	2,150	3,145	+99,500
3064 MRO				현물거래
	300	3,847	5,250	+420,900
3134 Hamee				현물거래
	2,800	1,107	1,999	+2,497,600
3150 그림즈				현물거래
	2,700	945	2,244	+3,507,300
3196 핫랜드				현물거래
	100	1,135	1,210	+7,500
3491 GA TECH				현물거래
	500	3,304	3,125	-89,500
3665 에니그모				현물거래
	800	1,242	1,242	0
3697 SHIFT				현물거래
	100	1,155	14,310	+1,315,500
3923 라쿠스				현물거래
	2,800	912	2,392	+4,144,000
6035 IRJapan HD				현물거래
	200	296	16,480	+3,236,800
6086 신멘테 HD				현물거래
	3,300	509	729	+726,000
6235 옵터런				현물거래
	400	2,669	2,109	-224,000
6254 노무라 마이크로				현물거래
	500	636	3,210	+1,262,000
6289 기켄 제작소				현물거래
	400	3,854	4,265	+164,400
6920 레이저테크				현물거래
	200	8,835	12,110	+655,000
7177 GMCFHD				현물거래
	2,000	587	713	+252,000
8771 E 개런티				현물거래
	700	1.511	2,249	+516,600
8979 스타츠 PR				현물거래
	1	161,113	201,400	+40,287
9262 실버라이프				현물거래
	500	2,045	2,162	+58,500
9414 닛폰 BS 방송	.			현물거래
	100	977	1,091	+11,400

주식(현물/NISA 계좌)

	보유 주수	취득 단가	현재 주가	평가 손익
2515 NF 외국 REIT 헤지 없음				현물거래
	250	960	902	-14,500
3134 Hamee				현물거래
	500	587	1,999	+706,000
3697 SHIFT				현물거래
	300	4,970	14,310	+2,802,000
3923 라쿠스				현물거래
	1,200	205	2,392	+2,624,410

투자신탁(금액/특정계좌)

	보유 주수	취득 단가	현재 주가	평가 손익
SBI – SBI 뱅가드 S&P500 인덱스 펀드				매수 후 판매
	1,150	11,392	12,207	+93

필자의 자산 추이

년	자산(만 엔)	비 고
2005	50	주식투자를 시작하다.
2006	150	라이브도어 쇼크(*2006년 1월 라이브도어라는 기업이 수사를 받으면서 일본 주식시장이 폭락한 사건), 자산이 적었기 때문에 오히려 매수 기회였다.
2007	350	사기만 하면 오르는 시장 덕분에 자산이 두 배가 되다.
2008	100	리먼사태에 더해 옵션거래에 손을 댔다가 자산이 급감.
2009	200	시장 침체가 계속되다. 좋은 뉴스가 아무것도 없다. 한동안 증권계좌에 돈을 채워 넣는 나날.
2010	350	성장주 투자를 시작.
2011	450	동일본 대지진이 있었지만 하락 후에도 계속 구입했기 때문에 전체적으로는 이익.
2012	550	주가에 변화가 없었으나 계속 투자. 민주당 정권에서는 주가가 전혀 상승하지 않았다.
2013	800	아베노믹스가 시작되었으나 기존의 가격이 머릿속에 남아있었기 때문에 일찍 이익을 확정.
2014	1,180	30대가 되어 승진하면서 급여에서 투자에 투입하는 금액이 증가.
2015	1,600	성장주 투자의 규칙을 변경. 성장 종목과 오너 기업을 중심으로 투자.
2016	2,260	시장이 상승세를 보이며 2천만 엔을 돌파. 자산이 점점 더 빠르게 증가하는 것을 체감.
2017	3,170	일부 종목이 폭등하면서 자산이 크게 증가. 성장주는 잘 고르면 수익이 크다.
2018	4,310	성장주 2: 배당주 1의 비율로 투자한다는 방침.
2019	5,480	자산이 5천만 엔을 돌파. 과도한 리스크를 짊어지지 않고도 1억 엔을 꿈꿀 수 있게 되다.
2020	7,170	코로나 악재로 자산이 한때 4천만 엔까지 감소했으나, 포지션을 계속 보유한 결과 전년도보다 자산 증가.

그중에서도 필자가 실천하고 있는 주식투자의 실제 예 한 가지를 이야기하겠다.

필자는 스마트폰 케이스를 제조하는 Hamee(3134)에 몇 년 전부터 투자하고 있다. 이 회사는 아직 젊어서 성장 중이다. 이렇게 활발히 성장하는 회사에 투자하면 성공할 경우의 수익이 크다. Hamee는 2015년 4월 도쿄증권거래소 마더스(*Mothers, 도쿄증권거래소가 신생 기업을 대상으로 개설한 주식시장)에 상장한 후 2016년 7월에 도쿄증권거래소 1부에 새롭게 상장했다.

아래의 차트에서는 필자가 매수 및 추가 매수한 시점을 ○로 표시했다. 매번 최저가로 매수하지는 않지만, 분할 매수를 통해 매

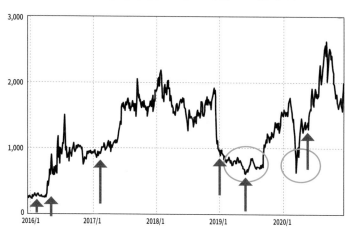

Hamee 주식회사(3134) 소매업 도쿄증시 1부

(비고) 실적이 견실하게 성장하고 있으나 소형주 특유의 급격한 가격 변동이 특징. 파란 원 속의 하락 지점에서는 주가만 보면 언제까지고 하락할 듯한 생각이 들어 성장성에 불안을 느끼게 되지만, 회사의 실적을 보면 흔들림이 없다.

수 시기를 분산해서 가능한 한 평균 단가를 낮추고 있다.

② 실패했기에 배울 수 있는 것도 있다

성공한 예만 있으면 신뢰할 수 없을 테니 투자에 실패한 예도 들어 보겠다.

이미 청산한 거래이지만 RIZAP(2928)과 TATERU(1435) 등에서는 엄청난 실패를 했다.

RIZAP에서는 보유한 주식이 한때 텐배거(주가가 투자액의 10배까지 상승하는 것)가 되었지만, 매도할 시기를 잘못 판단해서 계속 보유한 탓에 개미 눈물만큼의 수익밖에 올릴 수 없었다.

주식회사 TATERU(1435) 건설업 도쿄증시 1부

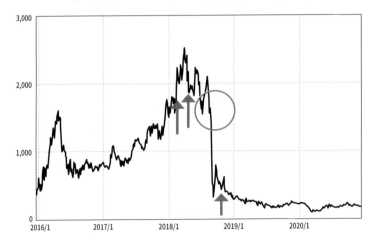

(비고) 불법행위가 발각되어 성장주의 위치를 잃은 좋은 예. 상황이 달라졌음에도 손절하지 못한 탓에 큰 손해를 봤다. 800엔 정도에서 매각할 기회가 있었는데 질질 끌면서 팔 시기를 놓치는 바람에 220엔 정도에서 매각하게 되었다.

1435 TATERU		현물 매도	22,367(32)	18/07/10	195,000	-172,633
19/05/15	100주	19/05/20				
1435 TATERU		현물 매도	44,736(65)	18/06/21	390,000	-345,264
19/05/15	200주	19/05/20				

　TATERU에 대한 투자에서는 은행 융자를 신청할 때 회사 전체가 공모해서 투자자의 수입을 위조한 일이 밝혀져 주가가 단숨에 폭락했다.

　성장주에 투자하는 이상 어느 정도의 확률로 큰 손해를 보는 종목을 만나는 일은 피할 수 없다. 그러나 처음부터 손해 종목을 보유하게 되는 경우는 적다. 처음에는 우량 종목이라고 생각해서 포트폴리오에 넣었는데, 어느 샌가 손해 종목으로 변해 있는 경우가 대부분이다.

　자신의 포트폴리오에 손해 종목이 있음을 발견했다면 어떻게 손절할지가 중요하다.

　그러나 실패한 거래에서 많이 배우는 것도 사실이다. 성공한 거래 후에는 수익만이 머리에 남는다. 그러나 실패한 거래는 실패한 원인, 손해를 봐서 괴로운 감정이 기억에 남는다. 한 번에 자산의 80%를 잃는다거나 신용거래에서 추가증거금을 입금하지 못해 마이너스가 되는 등 투자를 그만둘 만큼 치명적인 실패를 하지 않는 한, 장기적인 시각으로 보면 앞으로 큰 성공의 기초가 될 것이라고까지 말할 수 있다. 필자도 거래에서 실패를 거듭하면서 지금의 거래 방법을 찾아냈다.

제1장

직장 생활만으로는 자산을 형성할 수 없다

직장인은 부자가 될 수 없다?!

■ 직장인이 평생 받는 임금은 정해져 있다

독자 여러분이 필자와 같은 세대라면 30대 후반일 것이다. 직장인이 된 지 벌써 15년이 넘었을 것이고, 관리직이 되어 부하직원들을 돌봐 줄 때가 되었을 것이다. (*일본에서는 군대와 대학교를 휴학하는 일이 흔치 않기 때문에 취업 연령이 한국보다 낮음) 직장 내의 권한도 조금씩 증가하고, 일에서 보람을 느끼는 사람도 많을 것이다. 그러나 **열심히 일하는데도 급여가 생각만큼 오르지 않고** 있지는 않은가?

안타깝지만 아무리 열심히 일해도 직장인이 벌 수 있는 돈은 애초에 정해져 있다. 어떤 방식으로 일하든 앞날이 뻔한 것이 직장인이라는 직업의 숙명이다.

여기서 직장인의 급여가 어떻게 결정되는지 한번 생각해 보자. 열심히 일하면 급여를 그만큼 많이 받을 수 있다고 생각하는 사람도 있을지 모르나, 사실 그렇지 않다. 회사가 얼마나 매출을 올리고 얼마나 이익을 얻느냐 하는 문제에 앞뒤로 끼어, **일정한 범위 내에 들어가도록 설정되어 있는 것**이 급여다.

일반적인 기업에서는 기본적으로 지금까지 일한 햇수에 따라 급여가 오르는 소위 연공서열 급여체계를 채택하고 있다.

　연공서열 조직 형태에서는 높은 자리(관리직)에 오르면 정점을 맞이하게 되지만, 그전까지는 특별한 재능이 있다고 해도 회사는 급여를 크게 올려주지 못한다.

　왜냐하면 인건비 총액의 범위가 정해져 있고 거기에 연공서열 시스템이 있으면, 그 속에서 차등을 두며 직원들에게 인건비를 배분할 수밖에 없기 때문이다. 직위마다 급여표가 정해져 있고 그 규칙을 따라 급여를 준다고 생각하면 된다.

　특히 전통적인 대기업, 즉 신입사원부터 부장, 그리고 정년 후 재고용 인력까지 모두 존재하는 회사라면 급여 규정을 따라 직위마다 급여 수준이 명확하게 정해져 있다. 인사고과에서 눈에 띄는 성과를 올렸다고 해도 전체의 균형 때문에 크게 출세할 수 없도록 되어 있다. 그러므로 회사 전체의 직위 표를 보면 앞으로 자신이 받게 될 급여를 대강 계산할 수 있다.

　회사가 돈을 많이 벌면 배분할 수 있는 파이가 커지므로 급여가 오르기 쉽고, 회사가 돈을 벌지 못하면 나 혼자서 10명의 몫을 해도 급여는 오르지 않는다. 극단적으로 말하면 내가 얼마나 열심히 일하느냐보다 회사가 얼마나 돈을 버느냐가 훨씬 중요한 것이다.

② 기업은 흑자를 내야만 한다

　사업을 통해 사회에 공헌하고 계속 이익을 창출하는 것이 기업의 존재 가치임은 새삼 말할 것도 없다. 그래서 은행은 적자가 계속되는 기업에 돈을 빌려주지 않고, 그렇게 되면 대출 금리가 높아져서 회사의 재무 상태를 갉아먹게 된다. 애초에 적자가 계속되면 회사는 언젠가 막다른 길에 몰리게 되고 존속이 불가능해진다. 그러므로 회사는 흑자를 내면 좋은 것이 아니라, **흑자를 내지 못하면 존재 가치가 없는 것**이다.

특히 상장기업은 철저한 흑자화가 필요하다. 상장기업은 이제 창업자 가족이나 거래처 등 가까운 사람들만으로 이루어진 회사가 아니다. 불특정다수의 투자자가 증권거래소의 매매를 통해, 최소한 현재 이상으로 이익을 올릴 것을 기대하고 그 회사의 주식에 투자하고 있기 때문이다.

이익이 증가하면 앞으로 받을 수 있는 배당금이 증가하므로 주가가 상승하기 쉬워진다. 반면 이익이 감소하면 배당금의 기대치가 낮아진다. 그렇게 되면 주가는 회사가 벌어들이는 수익에서 기대할 수 있는 투자 이자의 수준까지 내려가고 만다. 나아가 적자로 전락하면 투자자들에게 나쁜 인상을 주게 된다.

상장 주식은 기본적으로 규칙을 지키면 누구나 주주가 될 수 있다. 뒤집어 말하면 상장기업인 이상 주주를 선택할 수 없다. 주가가 내려가면 주식이 매수되기 쉬워지고, 경영진이 교체될 리스크도 높아진다.

그러므로 상장기업은 투자자의 기대에 보답하기 위해, 그리고 경영진 스스로의 자리를 지키기 위해 무슨 일이 있어도 계속 흑자를 달성할 필요가 있다.

투자자는 '회사가 경영을 위해 얼마나 노력하느냐'에는 관심이 없고, 회사가 돈을 얼마나 많이 벌었느냐에 관심이 있다. 단기적인 실적과 주가 동향에 좌우되지 않고 장기적으로 주식을 보유해 줄 안정된 주주들을 확보하는 것은 상장기업 경영자들의 공통된 바람이다. 그러나 현실에서는 그렇게 장기적인 관점에서 상장기업의 주식을 보유하는 투자자는 소수다.

대부분은 이익이 발생하지 않으면 얼른 단념하고 다른 주식으로 갈아탄다. 그래서 회사 경영자들은 매출이 감소하는 힘든 상황에서는 인건비, 광고비, 교통비 등의 경비를 줄여서라도 흑자를 기록하고자 한다.

살림에 비유하면 더욱 와닿을 것이다.

아버지가 일하는 부서가 바뀌어 초과근무가 없어지면서 매달 수입이 3만 엔 줄었다고 하자. 지금까지 매달 흑자도 적자도 없이 살림을 꾸려 왔다면, 갑자기 매달 3만 엔의 적자가 발생할 위기에 처한 것이다.

그래서 우선 지금까지 가족끼리 월 2회 하던 외식을 월 1회로 줄인다. 여기서 한 번에 5천 엔을 절약한다. 반찬도 소고기는 비싸니 돼지고기와 닭고기로 바꾼다. 값싼 재료로 요리해서 월 5천 엔을 절약한다. 아버지와 어머니가 휴대전화를 유명 통신사의 상품에서 저가형으로 바꾸어서 월 1만 엔을 절약한다. 매일 하던 반주도 주 3회로 줄여서 월 3천 엔을 절약한다. 잘 다니지 않는 헬스장을 그만두어 7천 엔을 절약한다.

이렇게 해서 합계 3만 엔을 절약함으로써 생활비를 절약하고 적자를 예방한다.

마찬가지로 기업도 매출이 줄어들면 다양한 경비를 절약해 흑자를 유지하고자 한다.

이렇게 경비를 점검할 때 큰 무게가 실리는 것은 **인건비**다. 기업은 사업이 잘되어 돈이 벌릴 것 같으면 인건비 총액을 늘리고, 사업 여건이 어려울 때는 인건비 총액을 줄인다.

3 '인건비는 경비'가 기업의 속마음

일본 기업은 엄격한 해고 규제 때문에 경영이 어려울 때에도 정사원 중 불필요한 인원을 '정리해고'하는 일이 사실상 불가능하다. 경영자의 입장에서 보면 **정사원의 급여는 절약하기 어려운 고정적 경비(고정비)**인 것이다.

그래서 기업은 노동력 중 조정할 수 있는 부분으로 파견사원과 아르바이트를 이용한다. 이러한 직종은 고용주의 입장에서 보면 계속 고용할 의무가 없다. 경영이 힘들 때는 이러한 계약직을 쳐내서 인건비 총액을 줄인다.

반대로 실적이 계속 증가할 때도 요즘 세상에서는 경영 여건이 금세 달라지므로 한 치 앞을 내다볼 수 없다. 2019년 말에 2020년의 코로나 바이러스 사태를 누가 예상했을까.

몇 년 간격으로 이처럼 예상할 수 없는 일들이 찾아오므로 언제 실적이 크게 나빠질지 모른다. 일시적으로 좋은 실적을 보너스라는 형태로 배분하는 일은 있어도, **정사원을 새로 고용하는 일은 경영의 관점에서 보면 리스크가 상당히 크다**. 앞에서 말했듯 기업들은 정사원의 인건비를 크게 삭감할 수 없기 때문에 만약의 사태를 대비해 어느 정도 재무 상황에 여유를 둬야 한다.

그래서 사내유보의 축적, 보너스를 통한 조정, 비정규직과 아르바이트의 고용이라는 3단계로 인건비를 조정한다. 그리고 실적이 부진해서 인원 삭감이 반드시 필요해지면 신규 고용 중단, 조기퇴직 권장 그리고 마지막으로 정리해고라는 형태로 정사원의 수를 제한해 나간다.

경영자의 시각에서 보는 인건비를 조금 더 파고들어 보자. 경영진은 겉으로는 '사람이 재산이다'라고 말하는데, 정말로 그럴까?

상장기업이라면 그 말은 **절반은 진심, 절반은 거짓**이라는 것이 필자의 생각이다. 기업은 어떤 상황에서도 이익을 창출해야만 하므로, 직원뿐만이 아니라 주주에게도 신경 써야 한다. 경영진은 주주를 중시한다는 사실을 직원들 앞에서는 굳이 말하지 않는다. 이익의 배분을 둘러싸고 직원들과 주주들의 이해관계가 대립하므로 당연한 일이다.

한편으로 주주에게는 '실적을 얼마 올렸다', '배당을 얼마 늘렸다'는 매력적인 메시지를 보낸다. **결국 상장기업의 사장은 이해관계자에 따라 다른 메시지를 활용**하는 것이다.

물론 '인건비는 비용'이라는 말을 꺼냈다가는 직원들의 의욕이 사라질 것이므로, 속으로 그렇게 생각하더라도 겉으로는 말하지 않는다.

직장인의 입장에서 보면 급여는 생활수단 그 자체이지만, 아무래도 경영자의 입장에서 보면 **인건비는 경비**인 것이다.

그렇다고 해서 직장인은 주어진 급여를 가지고 얌전히 살아야 한다는 이야기는 아니다. 급여만으로 자산을 형성하기 어렵다면 경영자 입장, 다시 말해 '자본가 입장'으로 이동하는 방법을 생각해야 한다.

직장인이 자산을 늘릴 방법은 있다?

▋ 자산을 늘리기 위해서는 리스크를 감수할 수밖에 없다

지금까지 살펴보았듯 직장인이라면 급여가 급격히 오를 것을 기대할 수는 없다. 그렇다면 어떻게 해야 자산을 늘릴 수 있을까? 우선 대원칙으로써 기억해 둬야 할 것은 이 자본주의 사회에서 자산을 늘리고 싶다면 **무언가 리스크를 감수하고 '창업' 또는 '투자'를 해야만 한다**는 사실이다.

리스크를 감수하지 않을 것이라면 그 나름의 인생을 살아갈 수밖에 없다. 그래도 옛날에는 은행 금리가 높아서 원금이 보장되면서도 7%, 8%의 이율로 자산을 늘릴 수 있었다. 그러나 지금은 은행 금리가 거의 0%다. 이 상태가 10년, 20년씩 계속되고 있으므로, 독자 여러분이 은퇴하기 전에 은행 예금으로 자산을 늘릴 수 있는 시대가 올 가능성은 낮다고 할 수 있다.

그렇다면 원점으로 돌아가서, 리스크를 감수하며 투자해야만 자산을 늘릴 수 있다고 생각하고 행동할 필요가 있다.

❷ 창업이라는 리스크를 짊어질 수 있는가

리스크를 감수하고 자산을 늘리는 방법으로 가장 먼저 떠오르는 것은 창업이다. 성공하면 수입이 단번에 증가하지만, 창업은 인생을 건 승부다. 직장인처럼 수동적으로 일해서는 잘되지 않고, 수입이 없는 동안에도 몇 년이고 한결같이 성공을 믿으며 노력하는 뚝심이 없으면 어렵다.

그리고 창업을 하면 자신이 경영자가 되는 것이므로 모든 경영 책임을 지게 된다. 게다가 아무리 노력해도 잘 풀리지 않는 경우도 있다. 이런 점들을 고려하며 창업하는 것이다.

지금까지의 경험을 활용해서 개인 컨설팅이나 강의 등의 소규모 사업을 하면 틈새시장에 기회가 있으므로 성공할 가능성이 비교적 높을 것이다. 다만 경제적인 면에서 보면 직장인과 그다지 다르지 않을지 모른다. 수입이 최소한 두 배가 되지 않으면 안정을 버리고 창업한 보람이 없다.

애초에 창업을 하고 싶어도 '가족이 반대해서', '노하우가 없어서' 등의 이유로 창업에 나서지 못하는 사람이 대부분이다. 또 회사에서 오래 일하다 보면 그곳에서만 통용되는 기술로 일하는 경우가 많은데, 창업을 하게 되면 기존의 인맥과 기술을 한 번 초기화하는 일이나 마찬가지이므로 일시적인 수입의 감소를 각오해야만 한다. 나이가 들수록 급여도 올라가고 가족 등 지킬 대상도 늘어나므로 망설이게 되는 것도 이상하지 않다.

창업이라는 리스크를 짊어질 수는 없지만 재산은 축적하고 싶다면 역시 **주식투자밖에 없다.**

❸ 부동산 투자는 정말로 이득이 될까?

자산 형성 수단으로 주식투자가 아니라 부동산 투자를 생각하는 사람도 많을 것이다. 확실히 부동산은 옛날부터 유용한 자산 운용 수단이었다. 일반적으로 보면 부동산 투자는 앞으로도 안정된 수익을 가져다줄 것이다.

그러나 **직장인이 현재 시장 환경에서 부동산 투자로 돈을 쉽게 벌 수 있느냐 하면, 그것은 다른 문제다.** 아베노믹스 전에는 부동산에 적극적으로 투자하는 사람도 적었고, 지금보다 수익률이 높은 물건이 시장에 존재했다. 도쿄에서 투자 수익률 10%를 넘는 물건도 흔했기 때문에 융자만 받을 수 있다면 이런 물건을 구입할 수 있었다.

그러나 그 후 2013년부터 아베노믹스를 통한 금융완화 시장이 시작되어, 부동산 시장에 투자 자금이 풍부하게 공급되었다. 부동산 투자에 은행 융자가 따라오게 되어 누구나 투자 물건을 구입하게 된 것이다.

사는 사람이 많으면 부동산 가격은 상승한다. 부동산의 예상 수익률보다 낮은 가격으로 은행에서 자금을 조달할 수 있으면 돈이 벌리므로, 지금은 수익률이 10%를 넘는 물건이 시장에 남아 있지 않게 되었다.

수익률이 내려간다는 것은 임대료만으로 투자 자금을 회수하는 데에 걸리는 시간이 길어져서 앞으로는 부동산에 투자해도 옛날만큼 재미를 보지 못한다는 뜻이다. 수익률이 10%에서 5%가 되면, 단순히 계산하면 투자 자금을 회수하기까지의 기간이 두 배가 된다. 그만큼 장기간 리스크를 부담하면서 투자해야 하는 것이 현재의 부동산 투자 여건이다.

물론 부동산 투자는 매매하는 사람에 따라 가격이 달라지므로 항상 기회가 존재한다. 예를 들어 상속이 발생하면 세금을 내기 위해 울며 겨자 먹기로 싼 값에 토지를 내놓아야 할 수 있다. 또 사업에 실패해 그 손해를 메우기 위해서 소유한 부동산을 매각하는 사람도 있다. 경매 물건도 마찬가지다. 무언가 사정이 있어서 부동산을 싸게 팔아야만 하는 사람은 반드시 나온다.

이러한 부동산 소유자에게서 낮은 거래 가격으로 부동산을 구입하면 구입한 순간 이익이 확정된다. 그래서 최신 정보를 접할 수 있는 사람들만 구입이 가능하고, **일반인에게는 차례가 돌아오지 않는다.**

또 이런 정보는 금방 구입을 결정할 수 있는 사람에게만 들어온다. 판매자는 곧바로 물건을 사 줄 투자자에게 찾아간다. 구입을 결정하기까지 시간이 걸리는 초보자에게 실속 있는 정보가 올 것이라고 생각하는 쪽이 더 이상하다. 초보자가 이런 물건을 붙잡는 일은 매우 어렵다.

요즘 평범한 직장인이 부동산에서 성공하는 일이 어려워지고 있다. 현재는 누구나 돈을 벌 수 있는 상황이 아니다. 또 금액이 일반적으로 큰 것이 부동산 투자의 특징이기에 실패해서도 안 된다. 부동산 투자는 자신의 강점을 키우고 나서 도전해야 할 것이다.

투자신탁은 과연 쉽게 자산을 형성할 수 있는 투자인가

■ 운용자는 월급쟁이일 뿐이다

주식투자에서는 스스로 종목을 선택할 필요가 있다. 그러나 그렇게까지 노력을 들이고 싶지 않은 사람도 있다. 그런 투자자가 자산 형성을 위해 선택하는 수단으로 '투자신탁'이 있다.

투자신탁이란 주식투자의 프로가 **투자자를 대신해서 투자하는**

시스템이다. 그렇다면 투자신탁은 직장인의 자산 형성 수단으로 적절할까?

투자신탁에는 시장 지수와 연동된 '인덱스펀드'와 펀드매니저가 독자적으로 종목을 선택해서 인덱스펀드보다 높은 수익을 노리는 '액티브펀드'가 있다.

유명한 시장 지수는 닛케이 평균 주가와 도쿄증권 주가지수(토픽스)일 것이다. 그러나 이 지수와 연동된 인덱스펀드들은 아직 버블경제 후의 최고치를 능가한 적이 없다. 인덱스펀드에 투자해도 별로 소득이 없는 상황이 지속되어 왔다.

인덱스 투자 이론은 미국에서 발달했는데, 일본에서는 지난 30년간에 한해서는 그다지 기능하지 못했다고 말할 수 있다.

그러면 액티브펀드는 어떨까? JP모건 더 저팬, 레오스 캐피털 워크스의 히후미 투자신탁 등 시장 평균을 훨씬 뛰어넘는 훌륭한 펀드도 있다. 그러나 전체적으로 보면 투자신탁은 비슷비슷하게 운용되며, 만족스러운 성적을 올리는 펀드는 드물다.

왜 프로 투자자가 운용하는데도 성적은 평범할까?

필자는 네 가지 이유가 있다고 생각한다.

첫째는 **투자신탁 펀드매니저는 월급쟁이**이기 때문이다. 결국은 월급을 받기 때문에 리스크를 감수하지 않는다. 자기자산을 투입해서 운용하는 펀드가 아니므로 어차피 남의 돈이고 진지하게 투자하려는 의욕이 없다.

오히려 투자신탁 업계에서 출세하기 위해서는 실패하지 않는 것이 중요하다. 투자에서 크게 성공한다 해도 월급쟁이이기 때문에 급여가 크게 오르지 않는다. 그러나 다른 투자신탁과는 다른 펀드를 구성하면 실패했을 때 변명거리가 없어진다.

반면 시장 평균에 조금 변화를 준 정도의 펀드라면 시장 평균이 나빴다고 변명할 수 있다. 독자적인 색채가 강한 펀드를 구성했는데, 인덱스 변화와 비교해서 자신이 담당하는 펀드만 하락하면 곧바로 펀드매니저로서 평가가 나빠진다.

남들과 다르게 일해서 성공해도 이점이 적고 실패했을 때 불이익이 크면 리스크를 감수할 동기가 없다. 그래서 다른 펀드들을 곁눈질하며 무난한 펀드를 양산하는 것이다.

둘째로 **누구나 인정하는 우량 종목을 포트폴리오에 흔히 넣는다**는 이유가 있다. 우량 종목을 포트폴리오에 넣는 이유를 대외적으로 설명하기는 쉽다. 그러나 성장성이라는 측면에서는 무명 종목에 뒤진다.

그래도 우량 종목을 넣는 이유는 금융상품의 판매 현장에서 고객의 눈길을 끄는 측면이 있기 때문이다. 고객이 투자신탁에 포함된 종목을 보았을 때 잘 모르는 종목만 있으면 매력을 느끼기 어렵다.

가령 AI에 특화된 투자신탁을 만든다고 해도, 소니나 도요타와 같은 기업을 포트폴리오에 넣고 이 기업들도 AI에 뛰어들고 있다고 고객에게 설명해야 투자신탁을 팔기가 더 쉽다.

셋째로 고객의 자산을 운용하는 이상 다양한 제약이 있다는 점을 들 수 있다. 설령 주가가 크게 상승할 듯한 종목을 찾아내도, 원하는 만큼 포트폴리오에 포함시킬 수는 없다. 펀드 측에서 넣고 싶은 종목이 있어도 고객의 투자신탁 매매 동향을 고려하며 빠른 속도로 매매해야 하기 때문이다.

만약 시세 동향이 나빠서 고객이 펀드에 매도 주문을 넣으면, 펀드매니저는 매수할 국면이라고 생각해도 반대로 매도해야만 한다. 투자신탁의 성적이라는 측면에서 보면 가격이 내려갔을 때 팔게 되므로 시세 상승에 올라탈 수 없게 된다.

100억 엔 규모의 투자신탁이 있고 10개 종목을 각 10억 엔씩 구입한다고 가정하자. 그리고 시세가 크게 내려가서 고객들이 맡긴 자산 중 10%에 대해 매도 요청이 있다고 하자.

이 경우 펀드매니저는 포트폴리오에서 각 10%씩, 각 종목을 1억 엔씩 매각한다.

다시 말해 펀드매니저는 고객이 투자신탁을 구입하거나 매각하는 데에 맞춰 재빠르게 포지션을 변화시켜야 한다. 물론 모든 종목을 균등하게 팔지 않아도 상관은 없으나, 어쨌든 고객이 10%를 매각하면 거기에 맞춰 10%에 해당하는 현금을 짜낼 수밖에 없다.

반대로 시세 동향이 좋아서 고객이 펀드 매수 주문을 넣으면 펀드매니저는 매도 국면이라고 생각해도 매수해야만 한다. 고객이 10% 추가 구입하고자 한다면 어떻게 해서든 주식을 구입해 포트폴리오를 짜야 한다.

이처럼 펀드매니저는 시세에 대한 자신의 시각과는 별개로 고객의 의향에 따라 매매해야만 하는 숙명을 안고 있다.

넷째로 **유동성의 관점에서 투자할 수 있는 종목에 제약이 있다**는 이유가 있다. 투자신탁은 고객이 맡긴 자산을 운용하므로 펀드의 운용 금액이 크다. 작은 펀드는 몇십 억 엔 정도이지만 유명 투자신탁의 경우는 4천억 엔, 5천억 엔에 달하기도 한다. 그 투자신탁에 걸맞은 주식을 구입하기 위해서는 어느 정도 유동성이 확보된 종목을 대량으로 구입해야 한다. 투자신탁이므로 한 종목당 100주, 200주가 아니라 최소한 몇천 주, 몇만 주를 매매한다.

유동성이 없으면 자신의 주문이 주가를 크게 움직이게 된다. 시장에 대한 영향을 가능한 한 억제하면서 투자해야 하므로 유동성이 낮은 종목에는 마음 놓고 투자할 수 없다. 개별 종목의 유동성에 따라 포트폴리오에 넣을 수 있는 주수가 정해져 있는 것이다.

예를 들어 운용 자산액이 큰 '히후미 투자신탁' 펀드의 내용을 보면 운용 초기에는 특기인 중소형주를 넣어, 강력하게 성장하는 종목에 투자함으로써 투자신탁의 기준 가격을 크게 높였다.

그 실적을 보고 많은 투자자가 줄을 이어 히후미 투자신탁에 자산을 맡기게 되었다. 그러나 이만큼 대규모 투자신탁이 되고 나면 그전처럼 중소형주에 투자할 수 없게 된다.

고객들이 맡긴 자산이 5천억 엔이나 되는데, 작은 종목에 5천만 엔, 1억 엔을 투자하고 있으면 포트폴리오 전체를 볼 때 균형이 맞지 않으며 순발력 있는 매매도 어려워지기 때문이다. 그렇게 되면 점차 대형주에 투자할 수밖에 없다.

실제로 히후미 투자신탁 펀드에 포함된 종목 중에서는 대형주가 늘고 있다.

■ 투자신탁의 단점은 개인투자자의 장점이 된다

반면 개인투자자의 경우는 자신이 최종적으로 의사결정의 책임을 지므로 타인에 대한 설명 책임은 없다. 그래서 **순수하게 자신의 생각만으로** 매매할 수 있다.

자신의 판단만으로 값이 싸다고 생각하면 곧바로 매수하고, 비싸다고 생각하면 곧바로 매도할 수 있다. 타인 때문에 매매가 제한을 받는 일은 없다.

또 투자하고자 하는 종목의 시가총액에도 좌우되지 않는다. 타이밍을 분산시키면 원하는 주식을 원하는 만큼 살 수 있는 것이 개인투자자다.

이처럼 개인투자자의 개별 투자에는 투자신탁에는 없는 장점이 많다. 물론 나름대로 지식의 습득은 필요하지만 개인투자자에게 필요한 지식은 그렇게 어렵지 않다. 투자에 익숙해지면 성장주 투자를 꼭 공부해 보자.

투자 이익은 세금 우대를 받는다

■ 급여는 많이 받아도 누진세라는 벽이 있다

직장인의 급여는 연공서열을 따라 조금씩 오른다. 그러나 급여가 오른 만큼 풍족해지느냐 하면 그렇게 되지는 않는다. **'누진 세제'**라는 벽이 가로막고 있기 때문이다. 누진 세제란 소득이 늘어나면 늘어날수록 증가분에 대한 세율을 높여서, 고소득자일수록 많은 세금을 부담시키는 과세 방식이다.

급여소득자의 소득은 이미 일정 금액이 급여소득공제라는 형태로 간주되어 경비가 제외되며, 절세의 수단이 제한되어 있다. 급여소득이 유일한 수입원인 사람은 유리지갑에서 세금이 빠져나가는 것이다. 회사 경영자나 개인사업자처럼 다양한 절세 수단을 이용할 수 없으므로 급여가 오르면 오른 만큼 세금으로 내야 한다.

연봉이 천만 엔을 넘게 되면, 넘은 금액의 절반은 세금으로 나간다는 느낌이다. 소득세와 주민세에 사회보장과 10%의 소비세가 추가되므로 50% 세율이라고 생각하면 될 것이다. 거기에 고등학교 무상교육과 자녀수당 등 대부분의 공적 지원 제도에서 배제된다. 그 손해를 계산하면 실질적인 수입은 더욱 감소한다.

급여가 많아지는 나이는 자녀가 고등학생 또는 대학생이 되어 돈이 많이 드는 시기에도 해당하므로, 수입이 늘고 풍족해졌다고 느끼게 되지는 않는다.

반면 주식투자로 벌어들인 이익에는 세금이 얼마나 부과될까? 주식투자에서 얻을 수 있는 이익에는 **매매 이익(캐피털게인)과 배당금(인컴게인)**이라는 두 종류가 있는데, 두 소득 모두 소득세와 주민세로 약 20%가 과세된다.

앞에서 급여가 천만 엔을 넘으면 증가분의 50%가 과세된다고 말했다. 소득이 같을 경우 50%와 20%의 차이는 크다. 노력으로 메우기 어려울 만큼 압도적인 차이다.

부자와 관련된 책 중 베스트셀러인 《부자 아빠 가난한 아빠》에서 저자 로버트 기요사키는 부자 아빠의 입을 빌어 수입원에 따라 세율이 달라짐을 이야기한다. 근로소득은 세금 우대가 없는 소득이므로 세율이 50%이고, 투자로 얻는 소득(포트폴리오 소득)은 세율이 20%라고 말이다.

부자일수록 세금 우대를 받는 투자소득이 점점 늘기 때문에 점점 더 부자가 되는 구조다.

2 투자는 왜 20% 과세되는가?

왜 투자로 얻은 이익에는 과세가 20%밖에 되지 않을까? '왜 부자에게 세금을 거두지 않고 서민에게 세금을 거두느냐'는 불만의 목소리가 들려오는 듯하다.

그러나 이 구조는 일본뿐만이 아니라 전 세계가 채택하고 있다. 폐지될 전망도 보이지 않으므로 그 나름대로 이유가 있을 것이다.

그 이유를 한마디로 말하면 **'투자자는 리스크를 부담하므로'**이다.

새로 창업을 하는 사람이 있다고 하자. 세상에 서비스가 새로 등장할 때는 잘 될지 아닐지 아직 모르는 단계에서 누군가가 리스크를 감수하고 돈을 투입해야만 한다. 물품 구입, 임대료, 수도요금과 광열비, 인건비, 광고비, 대출금, 보험료 등 발생하는 비용을 지불해야 장사를 시작할 수 있다. 겨우 궤도에 오른 후에도 경쟁자의 출현, 시대의 변화, 재해 등 여러 불확실한 요소를 극복하고 장사를 계속해야 한다.

손실이 발생한 경우에는 경영에서 아무리 노력해도 1엔도 받을 수 없다. 투자자는 이런 리스크를 부담하므로 수익에 과세가 덜 되는 것이다.

또 외국과의 경쟁이라는 의미도 있다. 이제 뛰어난 경영자들은 과세율이 낮은 나라에서 창업하기로 선택하는 시대다. 국제적인 기업이 되면 될수록, 여러 나라를 끼고 그중 세율이 낮은 나라에서 어떻게 사업을 전개할 것인지를 생각한다. 미국 주식의 성적이 좋은 이유는 경영 효율이 높아서만은 아니다. 이런 세금 계획에 철저하기 때문이라는 측면도 있다.

지금까지 여러 이야기를 했지만 복잡한 내용은 어찌 됐든 **일단 20%(자본가)와 50%(근로자)의 차이를 아는 것이 부자가 되는 길**이다. 복리로 계산해 보면 그 차이는 더욱 뚜렷해진다. 같은 100

만 엔을 벌어도 투자로 벌면 80만 엔, 근로로 벌면 50만 엔을 매년 재투자할 수 있다.

10년 동안 5% 복리로 계산한 것이 아래의 그래프다. 큰 차이가 나는 것을 볼 수 있다. 수입의 종류에 따라 실수령액이 10% 이상 달라지므로, 정기예금을 어디에 해야 이득일지 생각하기보다 어떻게 투자로 수입을 얻을지 생각해야 한다.

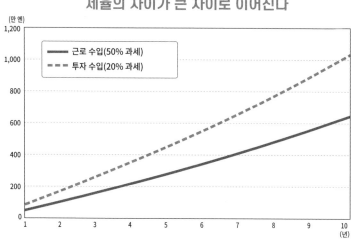

근로 수입(50% 과세)

투자 수입(20% 과세)

앞으로 사회 격차는 더욱 벌어진다

1 'r>g'라는 공식의 세상에서 도망칠 수는 없다

경제 격차의 확대를 문제시하는 사람들이 있다. 그러나 자본주의 사회에서 격차란 원래 벌어지는 것이다.

'r>g', 이 부등식을 이미 알고 있는 사람이 많을 것이다. r은 자본수익률, g는 경제성장률을 뜻한다. 더 알기 쉽게 말하면 **'투자에서 얻는 수익은 근로로 얻는 수입보다 항상 더 크다'**는 것이다.

즉 부자가 투자해서 버는 돈은 서민이 일해서 버는 돈보다 많다. 투자에서 얻는 금액이 항상 더 크므로 격차는 항상 계속해서 벌어진다. 이것은 본격적인 경제서적이면서도 이례적으로 크게 유명해진, 프랑스의 경제학자 토마 피케티 교수의 《21세기 자본》에서 지난 200년간에 걸친 방대한 자료를 조사한 끝에 논증된 사실이다.

서두에서 '급여로는 부자가 될 수 없다'고 설명했는데, 자본가가 자본을 더욱 늘리는 것이 자본주의이며 급여는 본질적으로 자본가가 이익을 얻기 위한 경비의 일부이므로, 투자자가 만족할 만한 수익을 올리지 못하면 돈이 나올 곳이 없어서 애초에 사업이 성립하지 않게 된다.

이 절대적인 법칙이 있는 한 정부의 개입(세금의 징수)이 있어도 격차를 좁히는 효과는 한정되어 있어서, 결국 자본가가 더 많은 자본을 축적하는 사회구조다.

사회가 발전하면서 자본주의는 격차를 계속 확대한다. 정부가 할 수 있는 일은 격차를 조금이라도 좁히기 위해 사업으로 성공한 사람에게 세금을 징수해 다른 많은 사람들에게 나눠주는 소득재분배 정도다. 그마저도 세율을 너무 높이면 기업은 경제적으로 합리적인 선택지를 골라서 사업을 접거나 다른 나라로 이전하고 만다.

정부의 의무는 국민이 과도한 빈곤 상태에 빠지지 않도록 사회적 안전망을 펼치는 정도다.

② IT화로 격차가 더욱 벌어진다

IT의 진화는 사람들의 생활을 극적으로 편리하게 만들고 있지만 동시에 격차 확대에 박차를 가하고 있다. 정보 유통의 구조를 만들어 낸 사람과 그것을 이용하는 사람에게는 이득이 있지만 평범하게 직원으로 일하는 사람에게는 이점이 그다지 없다.

주식투자를 예로 들면 옛날에는 대면 영업을 실시하는 증권사에서 매매를 주문하는 것이 당연했지만 지금은 온라인 주문이 되었다. 도쿄증권거래소에서도 옛날에는 사람과 사람이 직접 매매를 했지만 지금은 완전히 컴퓨터화했다.

투자에 필요한 정보도 쉽게 입수할 수 있게 되었다. 옛날에는 정보를 유료로 받아봤지만, 지금은 법정 유가증권 보고서와 결산 단신 등 중요한 정보를 언제 어디서나 무료로 열람할 수 있게 되었다.

또 기업의 웹사이트를 통해 기업 정보도 쉽게 볼 수 있다. 온라인 증권 계좌를 개설하면 기업이 분기별로 발행하는 정보지를 온라인에서 무료로 볼 수 있고 실시간 주식 차트도 볼 수 있다.

이런 일들은 옛날에는 사람이 실시했지만, 점차 사람의 손을 빌리지 않아도 되는 작업이 되고 있다. IT화가 진행되면 진행될수록, 특히 재능이 없는 평범한 직원의 경우는 급여 인상을 원해도 그것이 어려워진다. 그렇다면 **어떻게 해야 승리자 중 하나가 될 수 있을지 생각하는 쪽이 생산적이다.**

돈을 버는 데에 재주가 있다면 창업을 하면 되고, 자신이 없다면 주식투자를 해서 남에게 맡기면 된다. "손 안의 카드로 승부할 수밖에 없어"라는 스누피의 명언처럼, 자신이 놓인 상황에서 쓸 수 있는 수를 쓴다. 다시 말해 리스크를 감수하고 투자에 나설 수밖에 없다.

❸ 누구도 리스크에서 도망칠 수 없다

자본주의 사회에서는 격차가 점점 확대되므로, 나름대로 부를 얻고 싶다면 투자를 할 수밖에 없다. 자본주의란 리스크를 부담한 사람에게 보답하는 경제 시스템이다. 잘 나가는 회사에 투자하면 그 보상이 10배나 20배가 되는 일도 드물지 않다.

그래도 주식투자에서 손해를 볼까 봐 겁이 나는 사람들도 있을 것이다. 실제로 주가의 단기적인 변동 폭은 50%이고, 실적이 개선되지 않는 회사의 주식을 사게 되면 장기적으로 하락한다.

가뜩이나 리스크를 무서워하는 것이 인간이다. 일본에서는 버블 경제 붕괴 후 주식투자는 잘 풀리지 않는다는 이미지가 있다. 주식투자에 부정적인 인식을 가진 사람이 많은 것도 이해할 수 있다.

그러나 **투자에 자신이 없기 때문에 리스크 자산을 보유하지 않기로 선택했다고 해도, 자산이 줄어들 리스크를 피할 수는 없다.** 자산을 은행 계좌에 넣어 둬도 이자는 거의 붙지 않는다.

자신이 100만 엔을 현금으로 보유하고 있고, 친구도 마찬가지로 100만 엔을 보유하고 있다고 가정해 보자.

친구는 100만 엔을 주식에 투자했다. 주식이 올라서 100만 엔이 200만 엔이 되었다고 하면 자신의 자산은 친구보다 100만 엔 적어진 것이다. 반면 주식이 내려가서 100만 엔이 50만 엔이 되었다면 친구보다 자산이 50만 엔 많아진 것이다.

리스크 자산은 자본주의에서 빼놓을 수 없다. 그 리스크 자산의 가격은 시장에서 항상 변동하므로, 리스크에서 도망치는 일은 평생 불가능하다.

제2장

B급 투자자가 투자에서
실패하는 8가지 이유

주식투자는 과거의 역사를 보면 장기적으로는 보상을 얻을 가능성이 큰 거래다. 그러나 투자를 시작해 봐도 생각만큼 성과가 나지 않는 사람이 많은 것도 현실이다.

투자로 나름 돈을 버는 투자자와 실패하는 투자자를 가르는 요인은 과연 무엇일까? 투자에 필요한 정보는 모두 공개되어 있고, 게다가 장기 투자라면 설비의 차이도 영향을 미치지 않는다.

재미있게도 성공하는 투자자의 스타일은 천차만별이지만 실패하는 투자자에게는 공통점이 있다. 현재 성공을 거두지 못하고 있다면, 실패하는 이유를 찾아내면 투자자로서의 실력이 높아질 것이다.

여기서는 과거의 필자 자신과 세미나에 참가한 분들의 목소리를 바탕으로 실패하는 이유를 들고 그 대응책을 이야기하겠다.

— 실패 이유 ① —
남이 놓은 덫에 걸려든다

세상의 모든 현상은 판을 짜는 **소수의 사람과 거기에 걸려드는 다수의 사람**으로 이루어져 있다. 예를 들어 광고를 방송해서 매출을 높이려는 기업은 소수파, TV를 보고 광고 속의 상품을 구입하는 소비자는 다수파다.

주식투자로 말하면 트위터 등의 SNS에서 정보를 올리는 쪽과

보는 쪽이 그 관계에 있다. SNS를 통해 주식시장에서 무슨 일이 일어나는지 파악할 수 있다. 상승률 순위가 상위인 종목에 올라타서 이익을 도모하는 사람, 거래 총액이 증가하고 있는 종목에서 데이트레이드로 승부하는 사람, 결산 내용을 확인하는 사람도 있을 것이다.

그런데 왜 정보를 올리는 사람이 존재하는지 냉정하게 생각해보자. 현역 투자자가 이야기하는 정보는 기본적으로는 포지션에 대한 것이다. 자신에게 유리한 이야기를 하는 것이다. 시세를 조작하는 사람은 이미 보유한 것보다 더 유리한 포지션을 짜기 위해서 정보를 올릴 가능성이 있다. 판을 짜는 쪽과 동등하게 맞붙을 수는 없는 것이다.

필자는 이러한 영향을 피하기 위해 SNS는 별로 보지 않는다. 여러 번 실패를 거듭한 경험을 통해, SNS를 아무리 많이 봐도 투자 실력은 나아지지 않는다는 사실을 깨닫기 시작했기 때문이다.

그러면 어떻게 해야 할까? 기업 결산 등의 1차 정보를 보고 자신의 머리로 생각해야 한다.

— 실패 이유 ② —
여유가 없는 상태에서 투자한다

심리적으로 초조하고 시간과 돈에도 여유가 없으면 실패하는 패턴에 빠져든다.

가까운 미래에 필요한 자금을 투자에 쓰고 있는가? 태도에 여유가 있는 사람이 연애를 쉽게 시작하는 것과 마찬가지로 투자도 **여유 자금으로 해야** 잘 풀린다. '사도 그만이고 안 사도 그만인데, 한번 사 볼까' 하는 마음으로 투자하는 것이 중요하다.

특히 직장인 투자자는 필사적으로 투자를 배운다고 해서 그만큼 잘되지는 않는다. 즐기는 마음을 잊지 않고 투자하는 정도가 딱 좋다.

예를 들어 거래에 제약이 있는 신용거래에 투자하는 것도 여유가 없는 거래라고 할 수 있다. 신용거래란 현금이나 주식을 담보로 증권회사에서 돈을 벌려 주식을 사거나, 증권을 빌려서 팔거나 하는 거래다. 맡긴 담보의 최대 3.3배까지 주식 거래(레버리지)가 가능하다.

이 신용거래는 남들보다 실력이 훨씬 뛰어난 사람이 아니면 돈을 벌 수 없도록 되어 있다. 그 이유를 이제부터 설명하겠다.

신용거래에서 실패하는 이유

- 시간을 내 편으로 삼을 수 없다.
- 다양한 명목으로 수수료가 붙는다.
- 레버리지 효과로 추가증거금이 발생한다.

신용거래는 포지션을 구축하고 나서 6개월이라는 기간 내에 결제할 의무가 있다. (우리나라는 증권사에 따라 1~5개월) 이 기간은 회사의 가치 상승을 확인하는 데는 항상 충분하지 않다. 물론 차트를 계속 보며 그 움직임을 예측할 수 있는 프로와 세미프로는 분명 존재한다. 다만 주식투자를 갓 시작한 사람은 주가가 단기적으로 오를지 내릴지 예상하기가 상당히 어렵다.

또 신용거래에서는 다양한 수수료가 든다는 점을 계산에 넣어야 한다. 가장 큰 것은 이익에 부과되는 약 20%의 세금이다. 다음으로 매수매도 스프레드(매도 가격과 매수 가격의 차액)가 있다. 매수매도 스프레드란 매수 주문과 매도 주문 사이에 존재한다. 가령 100엔으로 사고 싶은 사람과 101엔에 팔고 싶은 사람이 줄을 서 있고, 매매할 때마다 이 스프레드를 상대방에게 지급해야 한다.

나아가 거래할 때마다 매매 수수료가 발생한다. 그리고 마지막으로 금리가 있다. 금리는 증권회사가 자유롭게 설정할 수 있는데, 상환 기간과 요율이 정해져 있는 거래의 경우 1~3%가 일반적이다. 1년에 1~3%면 얼마 안 된다고 생각하기 쉽지만 원금에 대한 금리이므로 레버리지만큼 늘어나게 된다.

더욱 무서운 점은 추가증거금이 발생한다는 점이다. 신용거래를 할 때는 증권회사에서 투자 자금을 빌려 레버리지를 걸 수 있다. 처음에 증거금을 낼 의무도 있지만, 그 증거금을 뛰어넘는 손해를 보게 되면 그 손해 금액을 지불해야 한다. 이것을 추가증거금이라고 한다.

그러므로 손해 금액이 커지기 전에 손절할 수 없는 사람, 바꾸어 말해 돈에 여유가 없는 사람은 큰 손해를 보고 만다.

지금까지 신용거래를 예로 들어 살펴보았는데, 시간과 돈의 여유를 가지고 투자할 수 없는 직장인 투자자는 실패할 확률이 높다.

— 실패 이유 ③ —
종잣돈을 진지하게 모으지 않았다

주식투자에서는 투입한 자금이 곱셈으로 불어난다. 대강 말하면 투자한 회사가 두 배로 돈을 벌게 되면 주가도 두 배가 되고, 열 배를 벌게 되면 주가도 열 배가 된다. 그래서 **원금을 많이 투입해야 유리**하다. 원금이 많아지면 많아질수록, 자산이 늘어나는 방식은 똑같더라도 늘어나는 비율은 달라진다.

100만 엔이 10% 늘면 110만 엔일 뿐이지만, 1,000만 엔이 10% 늘면 1,100만 엔이다. 1억 엔이 10% 늘면 1억 1,000만 엔이 된다.

똑같이 노력해도 투자의 효과가 나타나는 것은 투자 후반이다.
10년간의 투자라면 마지막 3년 정도가 가속도가 붙는 기간이다. 그러므로 종잣돈을 늘리지 않으면 자산이 불어나는 속도를 만끽할 수 없다.

더 일찍, 더 많이 투자해야 유리하다

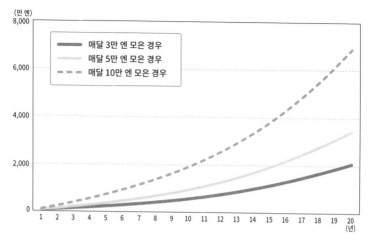

예를 들어 매년 100만 엔의 불로소득을 얻을 수 있게 되는 시기를 생각해 보자. 매년 100만 엔의 불로소득이 발생하기 위해서는 배당주에 투자해서 안정되게 연 이율 5%를 번다고 가정할 때 2,000만 엔의 자산이 필요하다.

그러면 매달 종잣돈을 추가해 2,000만 엔까지 자산을 늘리는 데에는 몇 년이 걸릴까? 매년 투자 이율이 10%라고 하면 매달 3만 엔을 추가할 때 20년이 걸린다. 매달 5만 엔이라면 16년이 걸린다.

회사에서 받은 보너스까지 가능한 한 투자액에 추가해서 매달 10만 엔을 투자한다고 하면 11년 만에 가능하다. 매년 100만 엔이 들어오게 되면 무리하지 않아도 자연스럽게 투자 자금이 늘어난다.

종잣돈으로 버는 1만 엔은 그냥 1만 엔이 아니다. 계속 투자하면 복리 덕분에 20년 후에는 열 배가 되는 돈이므로, 생각하기에 따라서는 1만 엔이 아니라 10만 엔을 종잣돈으로 벌고 있는 것이 된다. 시급 1,000엔인 아르바이트라도 사실 시급 1만 엔의 가치가 있다고 생각하면, 돈벌이를 위한 단조로운 일이라도 조금 더 의욕이 나지 않을까?

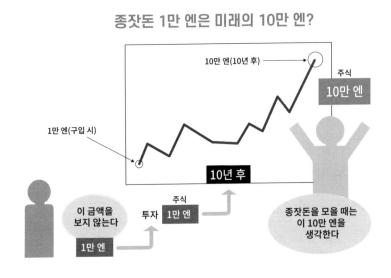

종잣돈 1만 엔은 미래의 10만 엔?

필자는 이 사실을 이해했을 때 무슨 일이 있더라도 매달 흑자를 유지하자고 생각했다. 결과가 똑같다면 일찍 노력하느냐 나중에 노력하느냐의 차이일 뿐이다.

주식투자로 자산을 형성하기 위해서는 급여가 많아야만 한다고 오해하는 사람들이 있지만 사실은 그렇지 않다. 어디까지나 중요한 것은 **수입에서 얼마를 저축할 수 있고 얼마나 투자할 수 있느냐**다. 요는 비율의 문제다.

사고방식을 바꾸면, 수입이 적은 사람은 생활비도 적게 드므로 종잣돈을 모아 투자하면 편하게 살기 더 쉽다고도 할 수 있다. 매달 생활비가 30만 엔인 사람은 매달 30만 엔, 연간 360만 엔의 불로소득을 얻을 수 있게 되면 인생을 자유롭게 살 수 있게 된다.

부자들을 연구한 미국의 서적 《이웃집 백만장자 - 변하지 않는 부의 법칙》을 아는가? 저자 토머스 스탠리에 따르면 사실 억만장자들은 검소한 생활을 하며 자신에게 잘 맞는 일을 한다는 특징이 있다.

이것은 어떤 의미일까? 아마도 열심히 일하고, 허영을 부리지 않고, 생활비를 늘리지 않고, 가계가 압도적인 흑자 경향이라는 뜻으로 보인다.

지출을 억제해서 흑자로 만드는 일이 부자로 가는 길이지만, 지출의 억제는 생활 습관이기 때문에 금방 몸에 배지는 않는다. 수입이 늘면 자연스럽게 지출을 늘리는 것이 인간의 본성이다. 종잣돈을 계속 모음으로써 자산이 늘어도 화려한 생활을 하지 않고 지금까지와 똑같은 생활을 계속하는 습관도 기를 수 있다.

이 습관이 없으면 투자를 통해 일시적으로 돈을 벌어도, 그 돈이 크게 불어나기 전에 다 써 버리므로 복리 효과가 오래 가지 않는다.

— 실패 이유 ④ —
시황을 보면 주가를 예측할 수 있다고 생각한다

주식시장의 시황 등에 대한 매스컴과 정보 서비스의 정보를 항상 지켜보는 사람들이 있다.

단기 투자자라면 하루하루의 가격 변동에서 돈을 벌기 때문에 시황을 꼼꼼히 확인하며 지금 뜨는 종목을 찾는 일이 중요할 것이다.

그러나 **낮 동안 일을 해야 해서 자주 매매를 할 수 없는 직장인 투자자는 시황에 달라붙어서 지켜볼 필요가 없다.** 시황을 아무리 들여다봐도 주가가 움직이지는 않는다. 투자하는 회사의 성장 전망이 잘못되지 않았다면 언젠가 주가는 수익 잠재력에 걸맞은 수준까지 상승한다.

불확실한 성장 가능성을 믿고 성장이 주가에 반영될 때까지 기다리는 것이 장기 투자자의 수익 원천이다. 차트를 과도하게 확인할 필요는 없다.

오히려 중장기 투자자는 주가를 지나치게 자주 확인하면 일에 집중하지 못하기 때문에 역효과다. 그럴 시간이 있으면 그보다는 친구를 만나고, 외출해서 거리의 변화를 보고, 독서를 하고, 여행을 다니는 데에서 투자 힌트를 얻을 가능성이 더 높다. 솔직히 시세만 보고 있어서는 시세에 대해 알 수 없다.

─ 실패 이유 ⑤ ─
집중 투자를 한다

투자에서 단기적으로 크게 자산을 늘리는 비결을 알려주겠다. 바로 2~3개 종목에만, 사람에 따라서는 1개 종목에만 집중 투자하는 것이다.

1, 2개 종목에 대한 집중 투자가 성공하면 굉장한 폭발력이 있다. 수백만 엔에서 시작해 단기간에 억 단위까지 크게 자산을 늘리는 투자자는 예외 없이 이렇게 승부를 건다.

그러나 이것은 **창업과도 같다**. 상장기업의 소유주는 자사 주식이 자산의 90% 이상인 경우도 있으므로, 하나의 종목에 자산을 집중 투자한다면 경제적인 측면에서는 창업이나 마찬가지다.

이것은 실력이 좋은 A급 투자자의 투자 방법이며 평범한 직장인 투자자에게는 추천할 수 없다. 실력을 충분히 기르지 못한 B급 투자자가 과연 상승할 종목을 정확히 골라낼 수 있을까? 최소한 필자는 그렇게 하지 못한다. 투자한 종목 중 상승하는 종목이 몇 개 나오면 된다는 생각으로 5~10개 종목에 분산 투자하는 것이 좋다. 그렇게 하면 큰돈을 벌지는 못해도 일부 종목에서 성공해 전체적으로 좋은 성적을 올릴 수 있다.

실력을 충분히 기르고 난 후 더 높은 곳을 목표로 해서 집중 투자에 도전하는 일은 좋을지 모른다. 그러나 **처음에는 과도한 집중 투자는 피하는 것이 좋다**.

— 실패 이유 ⑥ —
감정에 휩쓸린다

인터넷의 정보와 투자 잡지 등에서 특집으로 다루는 종목을 곧바로 덥석 구입하지는 않는가? 주식을 사고 싶어지는 때는 시장 여건이 좋고 주가가 상승할 때다. 시장에는 솔깃한 정보가 돌아다니고 앞날이 밝아 보인다.

그러나 시장에서 이기는 것은 항상 소수파다. **남이 가지 않는 길에 보물이 있는 법**이다. 아무도 투자하고 싶어 하지 않는 때에 매수하고, 다들 모여들 때 슬쩍 빠져나가는 것이 시장에서 이기는 비결이다.

왜 그 종목에 투자하려고 하는지 스스로에게 대답할 수 있는가? 정보에 휘둘려서 그 종목을 샀을 때는 이미 주가가 천정 부근인 경우가 흔하다.

투자는 감정에 휩쓸리면 실패한다. 투자에서 실패해 본 적이 있는 사람이라면 누구나 이런 경험이 있을 것이다.

— 실패 이유 ⑦ —
전문가의 의견을 믿는다

투자는 불확실한 일이다. 불확실한 상황에 놓이면 인간은 확실해 보이는 말을 하는 사람을 찾는다. 투자의 경우에는 주식 전문가나 금융기관 전문가의 의견을 참고하는 일이 여기에 해당한다.

그러나 '주식 전문가'라고 불리는 사람들은 실제로는 주식을 구입하지 않는다는 사실을 아는가? 그도 그럴 것이 만약 실제로 수익이 난다면, 굳이 들어맞지도 않는 시장 분석을 할 필요도 없이 직접 수익을 올리면 될 것이다.

금융기관에 상담하러 가는 것도 시간 낭비다. 금융기관 직원도 주식투자로 돈을 벌고 있는 사람은 아니다. 금융기관에서는 각 영업사원에게 금융상품의 판매량을 할당하며, 그 상품을 파는 것이 그 사람들의 직업이다. 친절하게 상담해 줄지는 모르지만 결국은 그 고객을 위한 금융상품보다는 은행이 팔고자 하는 금융상품을 권하는 것이 일이다.

은행은 주식 등 금융상품의 가격 변동 리스크를 부담하지 않고, 판매하는 것만으로 이익을 얻는다. 정말로 돈이 벌리는 상품이라면 남에게 팔기 전에 은행원 스스로도 투자할 텐데, 필자의 견문이 좁은 탓인지 모르지만 그런 은행원은 별로 본 적이 없다.

그러면 가계의 전문가, 재무설계사는 어떨까? 재무설계사의 일은 가계의 장래 설계도 작성에 대한 상담이다. 들어오는 수입을 어떻게 균형 있게 나눠서, 앞으로 돈이 나갈 일을 처리하며 견실하게 생활해 나갈지 제안하는 것이다.

그렇기에 주식투자를 권하는 재무설계사는 없다. 확실성이 높은 이야기를 해야 하는 직업인데 주식투자는 불확실성이 높고 예측할 수 없기 때문이다. 그래서 재무설계사에게 투자에 대해 질문해 봤자 기껏해야 인덱스펀드를 권하는 정도일 것이다.

그러면 현역 투자자의 이야기를 듣는 것이 좋다는 결론이 된다. 그러나 애초에 투자로 돈을 잘 버는 투자자는 일부러 매스컴에 등장할 필요도 느끼지 못하는 듯하다.

가령 돈을 잘 버는 투자자가 SNS에서 자신의 의견을 피력한다 해도, 그 투자자는 주가가 상승과 하락 중 어느 쪽으로 움직여도 괜찮도록 여러 투자 시나리오를 머릿속에 그리며 투자에 임하고 있다.

매스컴의 취재에 응해서 상승 전망에 대해 말한다 해도 그것은 그 투자자가 생각하는 전망 중 하나에 지나지 않는다.

이 책에서 필자는 주식투자를 실천하는 개인투자자의 입장에서 투자 경험을 이야기하고 있을 뿐이다. 필자는 이 투자 방법에 확신을 가지고 있지만 성장주 투자라는 것도 어디까지나 하나의 사고방식이며, 절대적으로 옳은 것은 아니다. **최종적으로는 스스로 생각해서 자신의 필승법을 찾아낼 수밖에 없다.**

― 실패 이유 ⑧ ―
상식에 얽매여 있다

세상 사람의 대다수는 급여소득자, 즉 월급쟁이다. 그 자녀들은 철이 들 때부터, 직장에 다니며 매달 월급을 받는 일이 중요하다는 가치판단을 주입받는다. 돈을 버는 방법은 다양하다는 사실을 배우지 못하고 돈을 버는 일에 대한 이미지도 형성하지 못한 채 세상에 내던져진다.

그러나 이 상식은 고도 성장기에 형성된 것이지 전통적인 가치관은 아니다. 성실하게 조금씩 돈을 벌어 저금하면 된다는 것은 전후에 만들어진 환상일 뿐이다.

정기예금 금리가 7~8%인 것이 당연하던 시대는 끝났다. 그 사실은 누구나 안다. 가만히 앉아서 자산을 축적할 수 없게 된 시대에는 투자밖에 길이 없다.

위험을 감수하고서라도 투자하는 일은 아직 사회의 상식은 아니지만, 앞으로는 그 방향의 사고방식을 가진 사람이 늘어날 것이다. **기존의 상식에 얽매여 있으면 아무것도 달라지지 않는다.**

제3장

잘 나가는 B급 투자자가 되기 위한 마음가짐

직장인 투자자라면 B급 투자자를 목표로

직장인 투자자는 투자할 수 있는 돈도 한정되어 있고 정보 분석에 쓸 수 있는 시간도 제한되어 있다. 그러나 안심해도 좋다. 우리는 **평범한 개인투자자가 되면 충분**하다. 평범한 사람을 다른 말로 하면 B급일 것이다. 의기양양하게 B급을 목표로 삼자.

B급 투자자란 쉽게 말해 **굴복하지 않는 투자자, 끈기 있고 포기를 모르는 투자자**다. 구체적으로 말하면 제2장에서 설명했듯 하면 안 되는 일은 하지 않고, 단기적으로 이득이나 손해를 보아도 신경 쓰지 않고 매달 여윳돈을 증권 계좌에 넣는 것이다. 앞으로 성장이 기대되는 종목을 적당한 가격에 계속 사들인다.

남이 투자를 시작한다는 말을 들으면 슬슬 시장이 과열되기 시작했다고 걱정할 줄 알고, 시세가 나쁠 때는 싼 값에 주식을 살 기회가 왔다고 생각하며 활발하게 투자할 줄 알면 된다.

반대로 생각해 보면, 죽을 각오로 투자를 공부해서 A급 투자자가 되고자 하는 일은 비용 대비 효과가 좋지 않다. 시험으로 말하자면 100점 만점을 받을 것이 아니라 70점을 받을 정도가 되면 충분하다. 80점, 90점을 노리게 되면 공부하는 시간을 늘려도 점수가 그만큼 오르지 않는다.

투자에서도 공부를 어느 정도 하고 나면 그보다 더 많이 공부해도 성과가 잘 나타나지 않는다. 공부한 내용을 잘 실천해 나가면 연간 10~15%의 수익률을 올릴 수 있을지는 몰라도, 연간 40%나 50%씩 자산을 늘리는 일은 극히 소수의 사람만이 할 수 있다. 투자는 원금에 이자가 붙는 것이므로 결국 투입한 금액이 좌우한다.

투자 자체를 취미로 삼을 수 없는 90% 이상의 사람은 본업, 가정생활, 취미 등 중요한 일에 시간을 써야 한다. 돈벌이는 애초에 수단이므로 투자는 자신의 인생을 즐기기 위해 실시해야 한다. 어떻게 하면 비용 대비 효과를 높이고, 포기하지 않는 B급 투자자가 될 수 있을지 생각하는 쪽이 현명하다.

'계속해서' 투자를 공부하자

투자 스타일에 따라 달라지기는 하지만 성장주에 장기 투자를 한다면 **'계속해서' 주식투자를 공부하는 일**이 필수다. 주식시장은 돈도 있고 공부도 하고 있는 프로와 세미프로 투자자들이 군웅할거하는 곳이다. B급 투자자로 충분하다고 해도 기초 지식 없이 투자를 하면 먹잇감이 되고 만다.

투자 후보 종목의 '비즈니스 모델 분석', '재무제표 보는 법', '분할매매의 기술' 등을 어느 정도 시간을 들여 공부해야 승률이 높아진다.

투자 정보는 책이나 세미나 등으로도 배울 수 있지만 무엇보다도 도움이 되는 것은 **자기 자신의 경험에서 배우는 일**이다. 실패해도 경험을 쌓음으로써 투자자로서 발전해 나가게 된다.

'한 방을 노리는 투자의 위험성을 배웠다', '결산에서 하향 조정이 나오고 회복할 전망도 보이지 않는 종목은 손해라는 사실을 배웠다', '비즈니스 모델을 분석하지 않고 투자했더니 생각보다 시장이 작아서 성장 없이 끝나고 말았다' 등 실패에서 하나하나 배워 나가는 것이다.

필자는 **실패도 하지 않고 단번에 능숙한 개별주 투자자가 되는 일은 불가능하다**고 단언한다. 실제로 필자도 지금까지 몇 번이고 투자에서 실패했다. 이 학습 과정에 시간을 들이는 일 자체를 힘들어하지 않는 사람이야말로 개인투자자의 소질이 있다.

그렇다 해도 주식투자 공부는 그렇게 어렵지 않다. 사업과 달라서 스스로 통제할 수 있는 범위가 좁기 때문이다. 투자할 회사를 찾아낼 때까지가 어렵지만 그 후는 지켜보기만 하면 된다.

사업이라면 모든 것을 스스로 통제하며 사업을 확대해야 하지만, 주식투자의 경우는 자신 대신 자산을 불려 줄 유능한 경영자를 선택할 수밖에 없다. 주가도 자신이 통제할 수는 없다. 주식을 매수한 후 경영진에 불만이 있으면 할 수 있는 일은 그 주식을 매도하는 것뿐이다.

특히 장기 투자의 경우는 한 번 투자하고 나면 자신의 선택이 옳

았는지 확인하는 데에 3년 정도의 시간이 걸리므로, 그동안은 경영자가 정기적으로 보내는 메시지(유가증권 보고서, 결산 단신, 결산 설명회 등의 자료)를 참고해서 그 주식을 계속 보유할지 판단하면 된다.

투자할 기업을 골라서 주식을 구입하기까지 일련의 흐름에 대해서는 공부할 필요가 있다. 그러나 구입한 후에는 경영진이 기업을 잘 이끌고 나가는지 분기별 결산을 중심으로 확인하기만 할 뿐이다. 본업(직장)이 있는 투자자라도 그렇게 큰 부담은 없다.

투자의 기술을 익힌다

지금까지 경제적으로 풍족해지기 위해서는 근로자로서 급여를 받을 뿐 아니라 투자자 측에 합류해서 투자를 하는 것이 좋다는 주장을 펼쳤다.

그러나 투자를 해 본 적이 없는 사람 중에는 무엇부터 시작해야 할지 모르는 사람도 많을 것이다. 필자가 주최하는 세미나의 참가자 중에도 주식투자에 대해 전혀 모르는 상태에서 공부를 시작하는 사람이 많다.

그래도 걱정할 필요 없다. **투자 실력은 후천적으로 익힐 수 있는 능력**이다. 춤, 수영, 야구, 서예, 다도…. 이런 기술들을 습득하는 것과 마찬가지로 노력해서 익힐 수 있다. 취미 활동을 배울 때도 어느 수준을 목표로 하느냐에 따라 연습이 달라진다.

예를 들어 같은 수영이라고 해도 올림픽에 나가기 위한 기술의 습득과 1킬로미터를 멈추지 않고 가뿐하게 완주하기 위한 기술의 습득은 난이도, 시간, 정신적 부담, 체력적 부담이 서로 다르다.

투자의 세계도 똑같이 이야기할 수 있다. 몇억 엔의 자산을 만드는 일은 힘들지만 평범한 직장인이 2,000만 엔, 3,000만 엔의 자산을 만드는 데에 어려운 이론은 필요 없다.

기본적인 지식으로 충분하다. 프로처럼 방대한 지식을 습득할 필요는 없다.

오히려 지나치게 공부를 많이 해서 리스크를 과도하게 인식하는 사람보다, 기본적인 지식을 갖추고 있으면서도 리스크에 조금 둔감한 사람이 성장주 투자에 더 적합하다.

그러나 리스크에 둔감해야 한다고 해도 갑자기 모든 리스크를 떠안는 일은 권하지 않는다. 부담이 지나치게 크지 않으면서도 다소 긴장감이 있는 금액으로 거래하며, 필요한 지식을 조금씩 공부해 나가자.

투자할 수 있는 금액이 100만 엔이라고 하면 20만 엔, 30만 엔이라는 금액으로 투자를 시작해 보자. 투자에 필요한 지식은 실천을 통해 자연스럽게 몸에 배게 될 것이다.

투자의 목표를 기준으로 투자 계획을 생각한다

주식투자에서 무엇을 얻고자 하는가? 말할 것도 없이 돈을 벌기 위해서라는 대답이 돌아올 듯하지만, 그렇다면 그 돈으로 무엇을 하고자 하는가? 몇 살까지 얼마를 모으고, 마지막에는 어떻게 쓰고 싶은가?

투자의 목적은 사람마다 다르다. 노후대책을 원할 수도 있고, 평상시 쓸 용돈을 원할 수도 있다. 또는 평생 일하지 않아도 될 만큼의 돈을 주식으로 벌고자 하는 사람도 있다. 주식투자는 곱셈 게임이므로 자신의 현재 위치와 원하는 목표 사이의 거리에 따라서 해야 할 일이 달라진다.

바꾸어 말하면 **목표를 정하고 나서 그 목표를 달성하기 위해서는 언제까지 무엇을 해야 하는지 생각**하는 것이다.

'원금의 추가 투입과 계획' 이 두 가지를 의식하며 주식투자를 하는 사람은 많지 않다. 또 정기적으로 자신의 투자를 돌아보는 사람도 거의 없다. 솔직히 말하면 필자도 세미나를 시작하기 전까지는 거기까지 생각한 적이 없었다.

그러나 지금은 10년 후 3억 엔, 20년 후 10억 엔이라는 목표를 세우고 있다. 부디 스스로 목표를 결정하고, 그 목표를 기준으로 지금부터 어떻게 투자해야 할지 생각하기 바란다.

예를 들어 생각해 보자.

지금 500만 엔을 가지고 있고 10년 후 2,000만 엔을 만들려 하는 사람이 있다고 하자. 복리가 대강 10%라고 하고 매년 50만 엔씩 10년간 추가 투자를 계속하면 2,000만 엔에 도달하게 됨을 알 수 있다. 막연히 2,000만 엔이라는 자산을 만들고 싶다고만 생각하면 달성하기 어렵지만, 구체적인 목표를 적용하면 구체적인 행동이 눈에 보인다.

10% 수익률로 10년간 자산 2,000만 엔을 달성

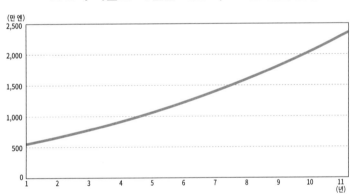

또 투자 수익률을 높이기는 어렵지만, 자금을 추가로 투입하면 투입할수록 목표 달성에 필요한 수익률은 낮아진다. 앞의 예에서 1년간 투입하는 금액을 84만 엔, 매달 투입하는 금액을 7만 엔으로 늘리면 500만 엔을 10년 만에 2,000만 엔으로 불리는 데에 필요한 수익률은 7%까지 낮아진다.

종잣돈 500만 엔에서 2,000만 엔에 도달하기까지 걸리는 시간

수익률	매달 투자액	3만 엔	5만 엔	7만 엔	10만 엔
4%		19년	15년	13년	10년
5%		17년	14년	12년	10년
6%	걸리는 시간	15년	13년	11년	9년
7%		14년	12년	10년	9년
8%		13년	11년	9년	8년

　투자를 하다 보면 개별 종목이 어느 정도 오르느냐에 신경을 쓰기 쉽지만, 기본적으로는 종목을 분산해 여러 종목에서 승부에 임하므로 매년 몇 퍼센트 비율로 돈이 늘어나는지에 신경을 쓰는 것이 더 좋다.

　위의 표는 매달 투자액과 수익률의 관계를 나타낸 것이다. 매달 투자액이 많을수록, 그리고 수익률이 높을수록 2,000만 엔에 도달하는 시간이 단축된다.

투자를 시작했다면 10년은 계속한다

　주식투자를 시작하는 사람 중 다수는 도중에 금세 그만두고 만다. 투자로 돈을 벌거나 잃던 와중에 대폭락에 말려들어 큰 손해를 본다. 더 이상 돈을 잃지 않기 위해 시세가 바닥일 때 손절해서 손실을 확정한다. 그러고 나면 주식투자를 그만둔다. ……

세미나 수강생들의 이야기를 들어 보면, 주식투자는 어렵다고 느껴서 그 후 투자를 그만두었다는 사람이 많았다. 조금 손해를 보았다고 '투자는 돈이 안 벌린다'고 단정 지은 사람이 많았던 것이다.

그러나 이런 사람들은 지나치게 빨리 포기한 것이다. 세상에 시작부터 곧바로 돈을 벌 수 있는 사업은 없다. 처음에는 해야 하는 일은 많은 데 비해 수익은 나지 않는 것이 사업이다.

투자도 사업과 똑같다고 생각하자. 결과적으로 상승할 종목이라도 그 과정에서 1~2년 정도 보합을 벗어나지 못하는 일이 흔하다. 장기적인 주식투자에서 갑자기 돈이 벌리는 일은 없음을 기억하면, 주가가 곧바로 오르지 않아도 걱정할 이유가 없다.

성장주에 투자해서 주가가 상승할 타이밍을 정확하게 예상하는 일은 불가능하며, 상승하는 기간은 한순간이다. 피델리티에서 30년 이상에 걸쳐 연 수익률 29.2%를 달성한 전설의 펀드매니저 피터 린치는 이 급격한 상승을 **'번개가 번쩍이는 순간'**이라고 불렀다.

이번에 코로나 악재로 주가가 하락할 때도 필자는 번개가 번쩍이는 순간만을 생각하며 포지션을 유지해 왔다. 지금까지 수많은 일이 있었지만 주식시장에서는 예외 없이 그런 순간이 반복되어 왔다.

오늘과 내일 시세만 보면 계속 하락하는 경우도 있을 것이다.

그러나 장기적으로 주가는 기업 실적을 따라가게 되어 있다. 필자도 낭패감에 매도하는 일 없이 코로나 악재 후의 반전에 무사히 올라탈 수 있었다.

수익성이 상승하는 종목은 일시적으로 하락해도 장기적으로는 주가에 걸맞은 수준까지 상승한다. 주식의 본질은 사업에서 번 돈의 분배금을 받을 권리이기 때문이다.

지금 본업에서 100만 엔을 벌 것으로 기대되는 회사가 10년 후 1,000만 엔을 벌 수 있는 회사로 성장한다고 하자. 돈을 열 배 더 벌 수 있는 회사로 성장하면 그 주가는 10년 전과 똑같을까? 회사의 수익 수준에 따라 주가가 상승할 가능성이 높다. 10년이 너무 길면 5년이라고 하자. 이만큼의 시간이 있으면 단기적인 시세 동향의 충격을 흡수해서 실적에 부합하는 주가까지 상승할 것이다.

기업이 성장해도 그 성장이 주가에 반영될 때까지는 자산이 그다지 늘지 않는 상황이 지속될지 모른다. 반대로 말하면 일단 회사가 성장하면 주가는 더 높은 수준에서 움직이게 되어 있다. 그때까지 기다리지 못하는 투자자가 대부분인 점을 보면 사람들이 투자에서 얼마나 성급한지 알 수 있다.

주식투자가 장기적인 목표를 향해 계속되지 않는 이유가 하나 더 있다. **돈이 늘어나고 있음을 실감하는 수준까지 자산이 증가하는 데에는 시간이 걸리므로 그전에는 쾌감을 느끼지 못하는 것**이다.

보통 사람이 투자로 수천만 엔의 자산을 만드는 일은 하루아침에는 불가능하다. 필자도 여기까지 오는 데에 10년 이상의 세월이 걸렸다. 필자의 경험을 통해 이야기할 수 있는 것은 투자를 계속하면 계속할수록 자산이 늘어나는 속도가 빨라진다는 것이다.

처음 1, 2년은 투자로 돈이 벌리지도 않았고 반대로 손해를 보는 일도 많았던 것이 사실이다. 그리고 1년 동안 10만 엔이 늘어나는 정도로는 자산이 늘었다는 느낌이 그다지 없다.

당연히 투자액이 많으면 전체 금액이 많으므로 자산이 늘어날 때의 액수도 커진다. 똑같이 노력해도 효과가 몇 배 더 큰 것이다. 100만 엔이 늘면 조금은 부자가 된 기분이 든다. 1,000만 엔이 늘면 직장인 중 최고 수준의 연봉에 해당하므로 상당히 기분이 좋다.

그러나 직장인이 투자액을 단번에 늘리는 일은 불가능하다. 그러므로 조금씩 투자액을 늘릴 수밖에 없다. 그것이 필자가 '**10년은 계속 투자하라**'고 말하는 이유다.

B급 투자자라도 우직하게 주식에 투자하면 점차 자산이 늘어난다. 필자도 독자 여러분보다 조금 일찍 시작했을 뿐 A급에는 전혀 미치지 못한다. 오히려 서툴다. 10년 이상 계속해서 주식에 투자해 1억 엔을 달성한 사람은 얼마든지 있는데, 필자는 아직 1억 엔에서 한참 먼 수준이다.

그래도 투자를 계속함으로써 당장의 목표인 1억 엔에 점점 가까워지고 있다. '매달 월급에서 가져오는 돈+보너스 투입+배당금+

대주+우대+기업의 자연스러운 성장'이 뒷받침되어, 단기적으로는 손해일 때가 있더라도 조금씩 앞으로 나아가고 있다.

주변에 관심을 가지자
(대박은 의외의 장소에 숨어 있다)

주식투자, 특히 기업 가치를 주목하는 장기 투자에서 성공하기 위해서는 주가가 크게 상승하는 종목을 찾아서 그보다 더 상승할 때까지 끈기 있게 그 기업을 응원하는 일이 중요하다.

대박 종목은 어떻게 찾아내야 할지 궁금할 것이다. 그러나 **주가가 열 배 정도 뛰는 대박 종목은 의외로 주변에서 들어 본 종목**인 경우가 많다.

가령 게임 관련 종목은 직접 해봤을 때 재미있는 게임을 만드는 회사에 투자하면 된다. 워크맨(7564)이나 고베물산(3038) 등을 조사해 보고 싶다면 실제 매장에 가 보았을 때 그 매력을 알 수 있을 것이다. 숫자에 나타나지 않는 매력은 스스로 소비자의 입장이 되어 보면 알 수 있다. 누구도 모르는 상태의 서비스를 찾아낼 필요는 없다. 조금 정보가 빠른 사람들이 알고 있는 단계에서 올라타도 충분히 시간이 있다. TV에서 조금 다루게 되었거나, 매장이 길에서 많이 보이거나, 서비스를 이용하는 사람이 늘었다는 정보를 예로 들 수 있다.

상장했어도 아직 인지도가 낮은 상태에서는 서비스가 순조롭게 정착해서 사업으로써 성공하기까지 시간이 얼마나 걸릴지 알 수 없다.

벤처에서 시작해 크게 성장한 M3(2413)도 상장 후 곧바로 꽃이 피지는 않았다. 2011년경까지는 주가에 다소 상승 국면도 있었지만 그래도 보합 추이였다. 주가가 크게 상승하기 시작한 것은 2012년 이후인데, 그때까지 계속 보유한 사람이 얼마나 되었는지는 알 수 없다.

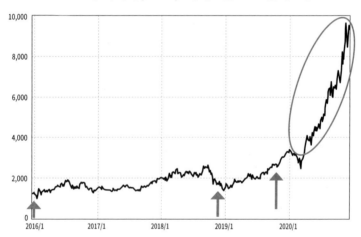

M3 주식회사(2413) 서비스업 도쿄증시 1부

(비고) 코로나가 기회가 되어 주가 평가가 급상승 다시 사들일 틈이 없다

2413 M3		현물 매도	267,621	18/10/27	108,300	+159,321
19/10/28	100주	19/10/30	(178)			
2413 M3		현물 매도	535,244	14/08/18	216,600	+318,644
19/10/28	200주	19/10/30	(357)			

이길 만한 상황에서 이기자

주식투자라고 하면 일반적으로는 주가 차트, 거래량, 호가창 등의 테크니컬 지표를 이용하는 단기 투자를 떠올리는 사람이 많을 것이다.

인간은 이익이 발생하면 곧바로 그 이익을 확정하려 하는 생물이기에 본능을 따라 거래하면 자연스럽게 단기 투자가 된다. 가능한 한 빨리 사냥감을 잡으려는 본능에 가까운 사고방식이므로 그럴 만도 하다.

다만 한 가지 문제가 있다. **함께 단기 투자를 하는 경쟁자들이 만만치 않다**는 것이다. 자금, 정보, 경험 면에서 모두 압도적으로 강한 프로 투자자들이 최신 컴퓨터를 사용해 1초 미만의 시간 동안 주문을 독차지한다. 기관투자자뿐만이 아니라 몇억 엔의 돈을 운용하는 개인투자자들도 있으므로 백만 엔 단위의 투자자는 고전을 면치 못할 것이다.

필자의 지인 중 예전에 한 증권회사에서 딜러로 일하던 뛰어난 투자자가 있다. 그 지인의 이야기를 듣고 있으면 단기 투자 실력이 너무 뛰어나서, 맞붙기가 전혀 불가능할 정도까지는 아니더라도 어렵겠다는 생각이 든다. 증권회사 시절 쌓은 지식을 무기로 투자에서 성공하는 비결 여러 가지를 갖추고 투자함으로써 안정적으로 수익을 올리고 있다. 이런 사람이 여기저기 널린 것이 단기 투자 시장이다.

개인투자자는 **자신에게 유리한 방법으로 유리한 국면에서만 이기면 된다.** B급 투자자는 무리하게 강적과 싸우지 않아도 된다. 예를 들어 프로 야구선수는 항상 더 높은 곳을 목표로 삼으며 높은 수준에서 승부에 참여한다. 높은 수준의 승부에는 직구만이 아니라 변화구도 필요할 것이다.

그러나 B급 투자자는 무리하지 않아도 된다. 동네 야구에서 일반인에게 직구를 던져 계속 삼진아웃을 따내는 것이 더 편하다. 항상 자신보다 약한 상대를 찾아, 이길 가망이 있는 싸움에서만 계속 이긴다는 사고방식을 기억하자.

성장주 투자의 장단점

이기는 방법 중 하나로, 필자가 자신 있는 중장기 성장주 투자를 위한 자세를 설명하겠다. 이 장의 마지막 부분에서는 필자가 왜 이 투자 방법을 선택했는지, 성장주의 장단점은 무엇인지 살펴보겠다.

장점 1 누구나 할 수 있다

개인투자자 중에는 시장 평균보다 높은 훌륭한 투자 성적을 올리는 사람들이 있다. 책을 보면 3년 동안 1억 엔이라는 엄청난 실적을 기록한 사람도 있다.

그러나 나 자신이 그런 사람들을 흉내낼 수 있는지 생각해 보자. 종목을 철저히 분석해서 신뢰가 가는 1, 2개 종목에 집중 투자할 담력이 있는 사람이라면 가능할지도 모른다. 그러나 투자 서적에서 설명하는 방법이 나 자신의 여건에서도 가능한 방법, 다시 말해 재현성이 있는 방법일까?

필자는 수많은 주식 관련 서적의 저자인 '성장주 테리' 씨와 대화할 기회가 있었다. 성장주 테리 씨의 투자 방법은 테크니컬과 펀더멘털을 조합한 것으로, 마지막에는 역시 독특한 매매 센스가 모든 것을 좌우하는 듯했다. 따라 할 수 있는 사람도 있지만 따라 할 수 없는 사람도 있는 방법이다.

그러나 **성장주 투자는 재현성이 높은 방법**이다. 하루 종일 시세를 지켜볼 수 없는 사람이라도 뚝심 있게 장기간 주식을 보유함으로써 몇 배, 때로는 몇십 배의 수익을 올릴 수 있는 방법이다.

필자도 텐배거 종목을 여러 개 보유하고 있는데, 결국 필자가 한 일은 주변의 잡음에 휘둘리지 않고 성장할 때까지 계속 보유한 것뿐이다.

앞으로 5년 더 기다리면 지금 보유한 주식 중에서 몇 개는 열 배를 넘는 수준까지 성장할 것이다.

이런 투자라면 누구나 할 수 있다.

장점 2 세금 조정 효과가 있다

중장기 성장주 투자에서는 이익 확정 시기가 늦어진다. 기업의 성장이 외부에 확실히 드러나는 데에는 3개월이나 6개월로는 부족하며, 2년이고 3년이고 주가가 박스권을 벗어나지 못하는 일도 흔하다.

그래도 인내한 결과 주가가 상승했다고 하자. 주가가 오르면 이익이 발생한다. 100엔에 산 주식이 200엔이 되면 이익은 100엔이다.

개인투자자의 이러한 이익에는 과세가 되지 않는다. 이익을 확정한 순간 약 20%의 납세 의무가 발생하지만, 이익을 확정하지 않는 한 매매 차익에는 세금이 부과되지 않는다.

그러므로 이익 확정을 최소한으로 실시함으로써 **'복리 효과'**가 작용한다. 이익을 확정하면 그때마다 원천징수세(소득세와 주민세)가 약 20% 부과되어 복리 효과가 감소한다. 그러나 장기 투자를 하면 나중에 이익을 확정할 때까지 세금 납부를 미룰 수 있다. 세계 최고의 장기 투자자인 워런 버핏이 수십 년에 걸친 복리 효과를 이용해 재산을 불린 사실은 유명하다.

단기 거래는 이 복리 효과를 활용하지 않고 항상 매수한 만큼 세금을 내며 이익을 획득하고자 하는 투자 방법이다. 장기 투자와 비교하면 세금 면에서 불리한 것이 사실이다.

장점 3 주식투자 외의 일에 시간을 쓸 수 있다

성장주의 중장기 투자는 **인생의 효율이 좋다**는 것이라고도 할 수 있다. 단기 투자에서는 항상 주가를 지켜보며 투자 타이밍을 찾게 되므로 시세에서 눈을 뗄 수 없다. 사전에 지정가 주문을 넣거나 자동매매를 하는 등의 방법도 있으나, 그래도 하루하루 전략을 세우는 데에는 그만큼 시간이 필요하다.

빈번하게 주식을 거래하면 주가가 신경 쓰인다. 주식투자는 중독성이 있으므로 점점 매매하지 않으면 안절부절못하게 된다. 혹시라도 본업에 영향을 미치게 된다면 단기 매매는 삼가는 것이 좋을 듯하다.

반면 장기 투자는 그렇게까지 하루하루의 주가 동향에 신경을 곤두세울 필요는 없다. 전혀 공부를 하지 않을 수는 없지만 단기 투자처럼 시세를 계속 들여다보고 있을 필요는 없는 만큼 투자에 들이는 시간이 압도적으로 적다는 장점은 크다. **투자는 풍요로운 인생을 위한 수단이지 목적이 아니다.** 개인적으로 투자는 장기나 바둑과 같은 지적 게임이라고 생각하며, 주식투자의 세계에 푹 빠지는 것은 최고의 취미라고 생각한다. 그러나 누구나 투자에 관심이 있지는 않다. 하루 종일 주가를 확인하고 있을 시간이 없는 사람이라면 중장기 투자가 최적이다.

장점 4 현재의 일에 도움이 된다

개별주 투자와 투자신탁의 차이는 **투자에 대해 스스로 생각하느냐, 또는 남이 대신 생각해 주느냐**의 차이다. 투자신탁은 투자를 통째로 남에게 맡기는 방법이다. 그래서 기본적인 사항 외에는 투자에 대한 지식을 익히지 못한다.

반면 개별주 투자에서는 투자신탁보다 다양한 내용을 공부해야 한다. 시장 동향, 회사의 비즈니스 모델, 재무제표 보는 법, 자산관리, 기존 사업의 여건, 신규 사업의 동향 등 알아야 할 것이 많다.

바꾸어 말하면 개별주 투자를 함으로써 얻을 수 있는 지식은 **주식투자에만 도움이 되는 것이 아니다**. 예를 들어 회계에 대한 지식을 쌓게 되면 회사 일을 더 높은 수준에서 바라볼 수 있게 된다. 회사의 운영 상태를 이해하게 되면 이직할 곳을 고르는 관점이 달라진다. 또 다양한 업계의 동향도 자연스럽게 잘 알게 되므로 사회인으로서 견문이 넓어져 인생 전반에 도움이 된다.

자녀에게 금융 교육을 해줄 수 있는 것도 커다란 장점이다. 자신이 번 돈에서는 상속세가 빠져나가지만, 금융에 대한 지식은 아무리 많이 가르쳐 줘도 세금이 붙지 않는다.

자녀뿐만이 아니다. 세상에는 경제와 금융의 원리를 몰라 고생하는 사람들이 많다. 기본적인 지식을 가르쳐 주기만 해도 매우 감사하는 사람들이 있다.

장점 5 직장인의 장점을 살릴 수 있다

개인투자자는 프로와 같은 정보 수집 능력은 없다. 자금도 한정되어 있을 것이다. 반면 프로가 흉내낼 수 없는 개인투자자의 장점도 있다. 성장주라면 그 장점을 살려 투자할 수 있다.

그 장점은 바로 **'세금 우대 조치(NISA)'**다. (우리나라의 경우는 '개인종합자산관리계좌[ISA]') NISA는 매년 정해진 범위 내에서 매매한 주식에 대해서는 **배당금과 매매 수익의 세금을 면제**해 주는 개인투자자를 위한 우대 조치다.

필자도 NISA로 투자하고 있다. 다음 표를 보자. 지금까지 약 600만 엔의 보유 가치 상승이 발생했는데, 원래는 이익을 확정할 때 120만 엔 정도의 원천징수가 이루어진다. 그러나 NISA를 이용하고 있으므로 지금 당장 매각해도 세금은 한 푼도 내지 않아도 된다.

2020년 12월 29일 시점의 NISA 잔액

주식(현물/NISA 예치)

	보유 주수	취득 단가	현재 주가	평가 손익
2515 NF 외국 REIT 헤지 없음				현물거래
	250	960	902	-14,500
3134 Hamee				현물거래
	500	587	1,999	+706,000
3697 SHIFT				현물거래
	300	4,970	14,310	+2,802,000
3923 라쿠스				현물거래
	1,200	205	2,392	+2,624,400

우연히 개별주는 모두 상승했지만, 도중에 문제가 있다고 판단한 종목(디엘이〈3686〉, 옥팬〈3674〉 등)은 손절했다.

또 개인투자자는 원하는 종목을 원하는 때에 원하는 만큼 매매할 수 있다. 이것은 개인투자자에게는 지극히 당연한 일로 느껴

질지 모르지만, 투자 규모가 큰 기관투자자는 매매에 여러 제한이 있기 때문에 개인투자자처럼 유연하게 매매할 수 없다.

게다가 기관투자자는 조직으로서 의사결정 범위 내에서 투자해야 하므로, 아무리 유망하다고 생각하는 종목이라도 마음대로 살 수 없다. 소형 성장주를 매수할 수 있다는 일 자체가 개인투자자의 장점이라고 할 수 있다.

나아가 **수익을 올린 후 바로 도망칠 수 있다는 것도 숨은 장점**일 것이다. 자신이 만족할 수 있는 자산 규모, 가령 2,000만 엔, 3,000만 엔, 5,000만 엔까지 자산을 불리고 나면 그다음에는 시장에 참여하지 않는다는 선택이 가능하다. 기관투자자는 그렇게 할 수 없으므로 언제나 리스크를 부담하며 투자해야 한다.

단점 1 자산이 늘어나면 가격 변동이 커진다

개인투자자가 성장주 투자를 할 때의 장점만 늘어놓은 것 같지만, 당연히 성장주 투자에도 단점은 있다. 단점은 장점의 이면에 있다.

우선 **성장에 대한 기대가 가열되거나 식으면 거기에 따라 주가가 크게 요동친다**는 점이 있다. 또 시세의 예상 변동률이 똑같아도 절대적인 가격 변동 금액이 커지므로 주가가 상승하면 **상승할수록 정신적인 부담이 커진다**. 이것은 투자 금액이 커지면 아무래도 마주할 수밖에 없는 문제다.

투자 금액이 수천만 엔일 경우 매일 100만 엔 단위로 돈이 움직인다. 자릿수가 하나 늘어나서 억 단위로 자산을 운용하게 되면 1,000만 엔 단위의 돈이 움직인다.

5억 엔이 4억 엔으로 줄기도 하고 6억 엔으로 늘기도 하는 일이 아무렇지 않게 일어나는 세계다.

만약 폭락에 말려들면, 자칫했다가는 죽을 때까지 직장에 다녀도 메울 수 없는 손실을 입을 수도 있다.

투자를 계속하면 자산은 점점 늘어나므로 언젠가는 투자 금액이 자신의 한계를 넘는 액수까지 도달한다. 가격 변동을 견딜 수 없는 사람은 자산 규모가 어느 정도를 달성하면 투자에서 은퇴하는 것도 중요하다.

단점 2 주가가 상승할 때까지 버텨야 한다

이것은 주식투자 전반에 적용할 수 있는 이야기이다. 언제 주가가 상승할지 누구도 모르므로, 미래의 성장을 믿고 당장 성과가 없어도 일정 기간 계속 투자해야 한다는 단점이 있다.

아무리 실력이 대단한 펀드매니저라도 주가가 상승할 타이밍을 정확히 맞출 수는 없다. "아마 금방 오르겠지요." 정도밖에 말할 수 없는 것이 현실이다. 성공한 장기 투자자에게 물어도 아마 이 정도 대답밖에 돌아오지 않을 것이다.

그러므로 보유한 종목이 오를 때까지 묵묵히 버텨야 한다. 중장기 투자에서는 이런 상황이 있음을 미리 알아두자.

단점 3 보유 가치가 상승했을 때 이익을 확정할 수 없다

마지막으로 가장 괴로운 것이 **보유한 주식의 가치가 상승해도 이익을 확정하지 않고 참아야 한다**는 점이다. 가치가 하락했을 때는 참을 수 있는 것이 인간의 심리이지만, 상승했을 때 참는 일은 꽤나 힘들다.

그러나 이익을 확정하고 싶은 욕구를 참지 않으면 텐배거를 노릴 수 없다. 텐배거를 위해서는 '1.2배→1.5배→2배→5배→그리고 10배(마지막의 가속도가 무시무시하다)' 하는 식으로, 중간중간 이익 확정의 욕구를 참아야 한다.

이 욕구를 참기 위해서는 '투자자의 뇌'로 전환해야 한다. 그리고 자산가의 능력은 후천적으로 익힌다는 것이 필자의 지론이다. 사고방식을 계속해서 바꿔 나가면 점차 생각 전체가 전환될 것이라고 믿는다.

제4장

자, 성장주 투자를 시작하자

성장주란 무엇인가?

자, 이제 드디어 본론으로 들어가 성장주에 대해 이야기하겠다. 우선 '성장주란 무엇인가'부터 시작해 보자.

성장주 투자란 '**앞으로 계속 성장할 전망이 보이는 종목 중 미래의 가치와 비교할 때 현재 주가가 저렴한 종목을 찾아내 장기간 보유함으로써, 회사의 성장으로 인해 주가가 대폭 상승하면 거기서 수익을 얻는 투자 방법**'이다.

아직 어려서 열매를 맺지 못하는 포도나무를 몇 년간 가지고 있으면서 포도를 수확할 수 있을 때까지 기다리는 데에 비유할 수 있다.

포도나무를 씨앗부터 길러내면 4년이나 5년 동안 열매를 맺지 못하는 경우도 있다고 하는데, 그래도 가만히 기다리는 것과 똑같은 마음가짐이다.

시가총액을 기준으로 한다면 **300억 엔 미만**인 주식을 노린다. 대박 성장주는 주가 상승이 막 시작되는 시점의 시가총액이 300억 엔 미만인 경우가 많기 때문이다. 확실한 실적이 뒷받침되는 종목을 구입함으로써 장기적인 리스크를 줄이는 한편으로 대박이 나서 주가가 상승할 때를 기다린다.

성장주의 상승 패턴을 안다

우선 성장주로 크게 꽃핀 종목들을 알아보자. GMOPG(GMO 페이먼트 게이트웨이, 3769)는 코로나 악재로 주가가 잠시 하락했으나 그 후 다시 고가로 올라섰다. (다음 페이지 참고)

이상한 일이지만 비싼 주식은 더 비싸게 팔리고, 싼 주식은 언제까지나 싼 가격을 벗어나지 못한다.

필자는 5년 전부터 GMOPG를 보유하고 있었는데, 그 당시 주가는 1,000엔이었다. 현재 주가를 보면 1,000엔은 매우 저렴해 보이지만 사실은 당시부터 실적에 비해 주가가 높은 편이었다. 비싸다고 생각하면서도 조금 보유하고 있었는데 이렇게 상승했다. 지금의 성장 속도를 유지하면 앞으로는 배당만으로도 10년 동안 본전을 뽑을 수 있을 것이다.

'지금 이익을 확정하고 다음 종목을 찾으면 되지 않나?'라고 생각하는 사람도 있을지 모른다. 그러나 이 회사는 이 정도로 대박이 난 한편으로 기관투자자가 항상 포트폴리오에 포함시킬 만큼 실적이 뒷받침되고 있다. 주가가 2만 엔, 3만 엔으로 올라도 전혀 이상하지 않다.

물론 GMOPG가 반값으로 떨어지기를 기다린다는 전략도 생각할 수 있지만, 필자는 다시 사들이지 못할 리스크를 고려해서 계속 보유하고 있었다.

이 차트를 보고 구입하기 어려운 종목이라고 생각하는 사람도 있을 것이다. 그러나 성장주 차트는 항상 이런 형태다. **차트를 보면 구입하기 어려워 보이는 것**이 성장주의 특징이다.

GMO 페이먼트 게이트웨이 주식회사(3769) 정보·통신 도쿄증시 1부

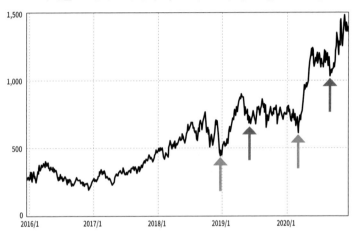

(비고) 순조로운 실적 추이를 반영해서 일관되게 우상향 트렌드를 형성한다. 과거의 특정 시점에서 매수했다면…이라는 생각이 드는 주가 동향이다. 그러나 PER이 100배를 항상 넘는 상태로 실제 가치보다 비싼 종목이다. 지표를 보면 구입을 망설이게 되는 종목이므로 구입할 때는 아무래도 용기가 필요하다. 주가가 내려갈 때를 기다렸다가 사들이는 사람이라면 좀처럼 구입하기 어렵다.

3769 GMOPG		현물 매도	770,475(525)	19/01/04	468,000	+302,475
19/05/14	100주	19/05/17				
3769 GMOPG		현물 매도	757,475(525)	19/01/04	468,000	+289,475
19/05/20	100주	19/05/23				
3769 GMOPG		현물 매도	1,109,592(608)	20/02/25	748,600	+360,992
20/07/31	100주	20/08/04				

주가가 한창 오를 때는 하강 국면도 없이 계속 상승하지만, 어느 정도 오르고 나면 상승세가 멈추고 **'박스권 장세'**에 돌입한다. 어느 정도의 가격대를 왔다갔다하게 되는 것이다.

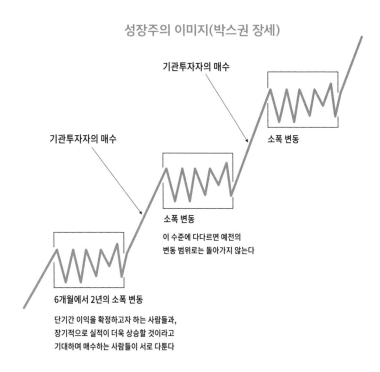

성장주의 이미지(박스권 장세)

기관투자자의 매수

기관투자자의 매수

소폭 변동

소폭 변동

이 수준에 다다르면 예전의 변동 범위로는 돌아가지 않는다

6개월에서 2년의 소폭 변동

단기간 이익을 확정하고자 하는 사람들과, 장기적으로 실적이 더욱 상승할 것이라고 기대하며 매수하는 사람들이 서로 다툰다

차트를 보면 몇 년 전에는 계속 보합 추세였다가 갑자기 상승한 듯 보인다. 그러나 가로축의 간격이 지금의 주가를 정확히 나타내기 위해 크게 그려졌기 때문에 주가 변동이 작아 보일 뿐이다. 주가의 절대적인 폭은 작았지만 주가의 변동률은 컸다.

성장주 중 다수는 가령 500엔인 주식이 단숨에 1,000엔까지 상승하고 나면 그 후에는 800~1,000엔 사이를 오간다. 그리고 그 소폭 변동이 1~2년 정도 계속된 후 다시 성장한다.

그런데 왜 이런 현상이 일어나는 것일까?

필자의 추측이지만 **주주들이 교체**되기 때문이지 않을까 싶다. 500엔에 구입한 주주가 충분히 올랐다고 생각해서 이익을 확정하는 한편으로 더욱 성장할 것을 기대하는 주주가 그 주식을 줍는 과정이 있는 것이다.

주주들이 점차 교체되고, 주식을 장기 보유하는 기관투자자들의 투자 대상이 되면서 기관투자자가 주주의 중심이 된다. 그리고 시간이 흐름에 따라 좋은 결산 내용이 발표되고, 그것을 계기로 **대규모 기관투자자들의 자금이 단숨에 흘러들어 주가를 한 단계 높이 밀어 올린다.**

앞에서 든 예의 경우라면 1,000엔이 단번에 2,000엔까지 상승하는 것이다.

이 박스권 장세는 **몇 달에서 몇 년까지 이어지는** 경우도 있다. 주가만 보면 아무것도 변하지 않은 듯 보이지만, 알고 보면 훌륭한 임직원들이 매일 노력해서 회사의 가치를 끊임없이 향상시키고 있다.

회사의 이익 수준이 1년 동안 10% 상승했다면-영업 이익이 전년 대비 10% 증가했다면-1개월로 환산할 경우 10%÷12=0.83%다. 단순화를 위해 0.83%를 1%라고 치면 매달 1%씩 주가의 본질적인 가치가 상승하는 것이다.

주가는 매일 가만히 있는 것이 아니라 거시경제 동향 등 외부 요인의 영향을 받아 크게 변동하므로, 그 본질적인 가치 변화가 매일 주가 변동에서 차지하는 비율은 매우 작다.

1,000엔짜리 종목이라면 본질적인 가치는 1개월에 10엔 상승하는 것이다. 1영업일로 환산하면 1엔도 되지 않는다. 반면 주가는 매일 몇 엔, 몇십 엔씩 움직이므로 본질적인 가치가 눈에 띄지 않는 것도 당연하다.

그러나 실적이 조금씩 향상되는 과정이 가령 2년간 이어지면 회사의 본질적인 가치는 1.1×1.1=1.21이 되므로, 전과 비교해서 **똑같은 주가라도 실제 가치에 비해서는 저렴해진다.**

실적이 점점 상승하면서 언젠가는 주가도 상승할 것이라고 믿어야 한다. 주가만 보면 알 수 없어도 회사의 본질적인 가치가 상승할 것이라면 그동안 뚝심 있게 기다리면 된다.

물론 예측이 틀리는 경우도 있을 것이다. 그래도 10분의 1이 되는 일은 별로 없고, 반값 정도에서 재검토의 신호가 오는 경우가 대부분이다. 그 경우 주가가 오르는 종목의 수익으로 다른 종목의 손실을 충분히 메울 수 있으므로 전체적으로는 이익이 발생한다.

성장주 투자의 과거 실적 예

다이후쿠(6383), 에프피코(7947)도 앞에서 설명한 GMOPG와

마찬가지로 코로나 악재 때문에 주가가 하락했다가 그 후에는 성
장주의 상승 양상을 보여주었다.

서두에서 필자의 현재 자산액을 공개했는데, 주식투자로 자산
을 늘리는 방법은 95페이지의 그림과 같다. 처음에는 투자를 해도
그다지 자산이 증가하지 않지만 주가가 몇 배로 뛰어오르는 주식
이 나타나고 나서는 자산이 급격히 증가하기 시작한다.

급여도 상승하기는 하지만 지출도 따라서 증가하므로, 급여만
볼 때 상대적인 생활의 여유는 그다지 변하지 않는다. 역시 투자
를 계속한 것이 자산 증가의 원인이었다.

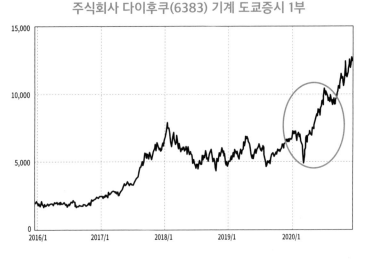

주식회사 다이후쿠(6383) 기계 도쿄증시 1부

(비고) 코로나 악재로 강한 종목에 자금이 집중되기가 예전보다도 쉬워졌다. 2년
이상의 보합 기간이 있었지만 그 후 저가의 두 배를 넘는 지점까지 상승했다. 자재
관리는 수익률이 그저 그런 분야지만, 전자상거래의 보급 등으로 성장 중인 산업
중 하나다.

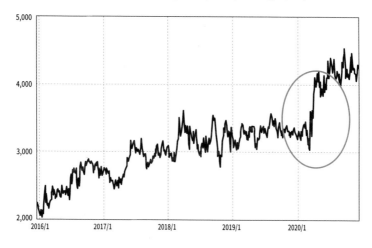

주식회사 에프피코(7947) 화학 도쿄증시 1부

(비고) 대단한 상승은 아니지만 실적이 안정되어 있어서 주가가 성장 중이다. 매일 가격 변동을 추적해도 상승하고 있다는 실감은 나지 않는다. 그러나 답답한 마음에 보유를 포기하면 '번개가 번쩍이듯' 주가가 상승하는 순간을 포착할 수 없다.

세미나 참가자의 실적 소개

필자의 실적만으로는 재현성이 없으므로 실제로 필자의 투자 세미나에 참가한 사람들의 투자 성적도 인용하겠다. 최근 주가 상승에 힘입어 자산이 증가한 측면은 있으나, 그래도 도중에 코로나 악재가 있었던 것을 생각하면 상당히 좋은 전적이다.

세미나 수강생 M씨의 실적

신규 신용거래 가능 금액	상세
신규 신용거래 가능 금액	196,773,977
현재 인출 가능 금액	18,754,933
위탁증거금 현금	18,754,933
대용 유가증권 평가액 합계	42,245,000
상세/대용 유가증권	
평가 손익 · 결제 손익 · 지불 경비 등 합계	0
실질증거금(A) (평가 손익과 결제 손익의 합계)	60,999,933
미결제 금액 합계(B)	
위탁증거금률(A/B)×100	0
실제 위탁증거금률	--%
매수 가능액	**상세**
매수 가능액(2영업일)	18,754,933
(3영업일)	18,754,933
포인트 수	**상세**
보유 T포인트	-- pt
그중 기간 한정 T포인트	-- pt
최단 유효기간	----/--/--
보유자산 평가	**상세**
현금 잔고 등	18,754,933
주식	78,308,650
합계	97,063,583

　필자와 똑같은 세미나에서 종목들을 연구해도 투자 성과가 다르다. 주식투자는 최종적으로는 자신만의 방법으로 실시하게 된다. 투자를 시작하는 시점의 자산액도 다르고 목표 금액도 다르다. 매달 투입할 수 있는 금액도 다르고, 리스크를 감당할 수 있는 정도도 사람마다 다르다. 그래서 똑같이 거래를 해도 개개인마다 다른 요소가 개입된다.

　다만 기본적으로는 장기 투자를 하며 기업의 성장을 지켜보는 방법을 이용하면 스트레스 없이 투자할 수 있다고 본다.

포트폴리오

주식(현물 특정계좌)

		보유 주수	취득 단가	현재 주가	평가 손익	
2150	케어넷				현물 매매	신용 매매
		100	4,053	4,865	+81,200	
2303	던				현물 매매	신용 매매
		500	2,120	3,760	+820,000	
2326	디지아츠				현물 매매	신용 매매
		100	9,536	9,470	-6,600	
2477	데마이라즈				현물 매매	신용 매매
		600	3,990	5,020	+618,000	
2492	인포마트				현물 매매	신용 매매
		2,000	726	950	+448,000	
3134	Hamee				현물 매매	신용 매매
		2,500	1,186	1,877	+1,727,500	
3150	그림스				현물 매매	신용 매매
		2,000	1,220	2,167	+1,894,000	
3433	토칼로				현물 매매	신용 매매
		500	1,291	1,421	+65,000	
3491	GA TECH				현물 매매	신용 매매
		700	3,082	3,110	+19,600	
3565	아센테크				현물 매매	신용 매매
		800	1,326	1,780	+363,200	
3645	메디컬넷				현물 매매	신용 매매
		5,000	883	984	+505,000	
3769	GMOPG				현물 매매	신용 매매
		100	7,416	13,370	+595,400	
3830	C-GIGA				현물 매매	신용 매매
		200	2,332	1,937	-79,000	
3923	라쿠스				현물 매매	신용 매매
		1,800	674	2,225	+2,791,800	
4053	선 아스테릭스				현물 매매	신용 매매
		100	2,811	2,265	-54,600	
4248	다케모토 요키				현물 매매	신용 매매
		500	987	981	-3,000	
4345	시티에스				현물 매매	신용 매매
		500	919	933	+7,000	
4348	인포컴				현물 매매	신용 매매
		400	2,615	3,290	+270,000	
4384	라쿠스루				현물 매매	신용 매매
		200	5,000	4,420	-116,000	
4389	프로파티 DBK				현물 매매	신용 매매
		400	2,075	1,764	-124,400	
4397	팀스피릿				현물 매매	신용 매매
		500	1,604	1,891	+143,500	
4399	구후 컴퍼니				현물 매매	신용 매매
		1,100	1,481	726	-830,500	
4443	Sansan				현물 매매	신용 매매
		200	4,238	6,660	+484,400	
4480	메들리				현물 매매	신용 매매
		200	1,277	4,570	+658,600	

6086	신프로메인트 HD				현물 매매 신용 매매
		3,000	764	697	-201,000
6200	인소스				현물 매매 신용 매매
		700	1,192	1,625	+303,100
6254	노무라 마이크로				현물 매매 신용 매매
		2,000	1,952	3,280	+2,656,000
6533	오케스트라 HD				현물 매매 신용 매매
		200	1,618	2,172	+110,800
6564	미닷쿠				현물 매매 신용 매매
		90	1,690	3,045	+121,950
6628	온키요 HE				현물 매매 신용 매매
		1,100,000	19	15	-4,400,000

(이하 생략)

노후 2,000만 엔 시뮬레이션

노후에는 2,000만 엔이 부족하게 된다…. 2019년 6월 일본 금융청이 공표한 보고서 속의 이 숫자가 한때 매스컴에서 거론되며 **'2,000만 엔 문제'**로써 화제가 되었다.

그만큼 많이 거론된 이유는 2,000만 엔은 사람에 따라 모을 수 있기도 하고 없기도 한 금액이기도 하며, 또 2,000만 엔은 안정된 노후 생활의 기준이 되기 때문일 것이다.

그러면 성장주 투자를 얼마나 오랫동안 실시하면 2,000만 엔을 달성할 수 있을지 다시 시뮬레이션 해 보자.

필자와 같은 세대, 만 38세 남성이 수중의 500만 엔으로 투자를 시작해서 20년 후 58세가 될 때 2,000만 엔을 달성하는 것을 목표로 하겠다. 차액 1,500만 엔을 주식투자로 만드는 것이다. 매달 투입하는 금액은 3만 엔, 즉 1년에 36만 엔씩 입금한다고 가정한다. 그 결과는 다음과 같다.

성장주를 찾아내서 계속 투자한다. 그리고 계속 자금을 투입한다. 이 책을 읽은 독자가 할 일은 그것뿐이다. 노후 자산을 축적하는 일이 목표라면, 불안을 부추기는 매스컴에는 귀를 기울이지 말고 어떻게 매달 3만 엔을 투자할 것인지에 집중하자. 언론 기사를 읽어도 불안이 커질 뿐, 아무런 해결책도 얻을 수 없다.

그렇다고는 하나 현실에서 자산이 보기 좋은 상승 곡선을 그리는 일은 없다. 그보다는 아래와 같은 그래프가 된다.

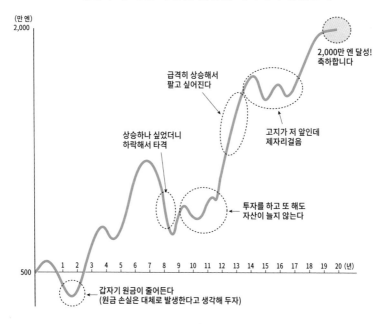

성장주 투자는 다양한 감정을 이겨내야 성공한다

(만 엔)
2,000

2,000만 엔 달성!
축하합니다

급격히 상승해서
팔고 싶어진다

상승하나 싶었더니
하락해서 타격

고지가 저 앞인데
제자리걸음

투자를 하고 또 해도
자산이 늘지 않는다

500

1 2 3 4 5 6 7 8 9 10 11 12 13 14 15 16 17 18 19 20 (년)

갑자기 원금이 줄어든다
(원금 손실은 대체로 발생한다고 생각해 두자)

필자가 자산을 불리던 때도 이 그래프와 같은 심리 상태를 극복하며 투자를 계속했다. 특히 주가가 하락했을 때는 쌓아 올리던 자산이 가치 하락으로 인해 순식간에 녹아 없어지는 듯한 느낌이다. 1년, 2년간 투자한 돈이 늘어나지 않는다고 느낄 때도 있을 것이다. 이런 상황은 반드시 찾아오므로, 미리 마음의 준비를 하고 투자에 임하자.

막연히 2,000만 엔이라고 하면 어떻게 자산을 형성해야 할지 막막할지도 모른다. 그러나 몇 년 동안 얼마를 불리기로 결정하면, **그 금액을 기준으로 자신이 매달 얼마를 투자해야 하는지 계산**할 수 있다. 주식투자로 20년 후 2,000만 엔이라는 자산을 만드는 일은 매달 3만 엔씩, 매일로 환산하면 1,000엔씩 투자하는 일에 달려 있다.

원금 500만 엔에 20년 동안 매달 3만 엔씩 투자해 2,000만 엔을 만든다

첫해	500만 엔	11년째	1,267만 엔
2년째	561만 엔	12년째	1,367만 엔
3년째	625만 엔	13년째	1,471만 엔
4년째	692만 엔	14년째	1,580만 엔
5년째	763만 엔	15년째	1,696만 엔
6년째	837만 엔	16년째	1,816만 엔
7년째	915만 엔	17년째	1,943만 엔
8년째	997만 엔	18년째	2,076만 엔
9년째	1,082만 엔	19년째	2,216만 엔
10년째	1,173만 엔	20년째	2,363만 엔

※연이율 5%로 복리 운용한다고 가정
※천 엔 단위는 반올림

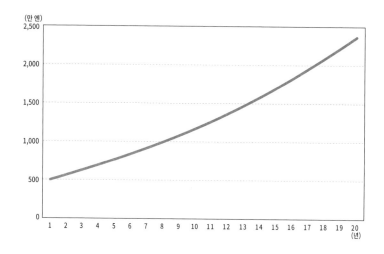

테크니컬 분석은 얼마나 공부해야 할까?

테크니컬 분석을 잘하는 사람과 잘하지 못하는 사람이 있다. 필자는 후자에 속하기 때문에 테크니컬 분석을 하지 않는다. 잘하는 사람의 경우는 투자에 잘 활용하면 될 것이다. 다만 테크니컬 투자의 아마추어인 필자가 테크니컬 분석에 대해 한 가지 말할 수 있는 것은 모든 상황에서 효과적인 테크니컬 분석은 존재하지 않으며 다양한 매매 요소 중 하나로써 참고해야 한다는 것이다.

또 항상 변화하는 시장에서 테크니컬 분석으로 수익을 올리는 투자 방법은 어느 정도의 기간밖에 기능하지 않는다. 주가의 조정이 일정한 범위를 넘었을 때 그것을 발견하는 방법을 개발할 필요가 있다. 그러나 자신이 그 빈틈을 메우지 않아도 남이 언젠가는 메워 주게 되어 있다.

그래서 테크니컬 분석으로 돈을 버는 방법을 발견해도 남에게 가르쳐 주면 곧바로 자신의 수익 감소로 이어지므로, 그 방법을 가르쳐 주는 사람이 있을 리 없다.

필연적으로 테크니컬 투자는 그 투자자만의 세계 속 고독한 싸움이 된다. 시장을 연구할 시간이 충분하지 않으면 사용하기 어려운 방법이다.

또 테크니컬 분석가의 의견은 펀더멘털 분석가보다도 더 무책임하므로 들을 가치가 없다.

펀더멘털 분석이나 테크니컬 분석이나 마찬가지인데, 분석대로 주가가 움직인다면 애초에 투자분석가로 일하고 있지 않을 것이다. 투자분석가는 매매를 주도하는 사람들과 한편이다. 판을 짜는 사람들과 한편이다. 투자에만 해당되는 이야기는 아니지만 세상은 판을 짜는 사람과 거기에 걸려드는 사람들로 나뉘어 있음을 생각하자.

제5장

성장주 투자에
도전해 보자

성장주를 찾는 방법

인터넷 덕분에 온갖 정보가 공개되는 시대에 종목을 찾는 일 자체는 사실 간단하다. 종목에 대한 지식을 얻은 후에는 나름대로 소화하는 과정이 반드시 필요하다.

'왜 그 주식을 구입하는가', '어떤 전망을 가지고 그 주식을 보유하는가' 등의 생각은 처음에는 타인에게서 빌려 와도 된다. 그러나 그 생각을 이해하고 자신의 것으로 만들지 않으면 영원히 투자자로서 자립할 수 없다. 그렇다고는 해도 일단은 종목을 발견하는 것이 우선이므로 필자가 참고하는 방법 다섯 가지를 소개하겠다.

1 증권회사의 스크리닝 기능

현재 증권회사들은 스크리닝 기능을 진화시키고 있다. 예전에는 고객이 직접 조건을 입력해서 종목을 찾아야 했지만 지금은 고객에게 먼저 다가가는 서비스가 이루어지고 있다.

고배당 종목, 성장주 종목, 가치에 비해 저렴한 종목 등 투자자가 선호하는 검색 조건을 미리 준비해 두어서 버튼을 클릭하는 것만으로 투자자의 입맛에 맞는 종목이 표시된다.

예를 들어 SBI증권의 홈페이지에서 스크리닝 기능을 선택하면 이미 성장주의 조건을 충족하는 **종목을 스크리닝하도록 설정되어**

있으므로, 그 성장주의 버튼을 누르기만 하면 검색할 수 있다.

검색이 끝나면 후보 종목이 나온다. 그중에는 원래 주목하던 종목도 있다. 그중 마음에 드는 종목에 투자하면 성장주 투자가 시작된 것이다.

② 개인투자자의 블로그, 유튜브, 트위터

최근에는 너무나도 많은 사람들이 주식투자에 대한 정보를 올리고 있다. 그리고 예전에는 블로그에만 올라오던 정보가 이제는 유튜브와 트위터에도 활발하게 올라오고 있다.

앞에서도 이야기했지만 지금 필자는 스스로 생각하는 데에 집중하기 위해 SNS를 그다지 보지 않는다. 그러나 초기 단계에서는 성공한 투자자들의 의견을 접하는 일이 중요하다. 투자 스타일에 따라 도움이 될 수도 있고 되지 않을 수도 있으므로 실제로 접하는 것이 가장 이해하기 쉽다.

또 정보 제공자는 기본적으로 자신에게 이익이 되도록 정보를 올리므로, **포지션에 대한 이야기로 흐를 때**는 주의하자.

주식투자에만 해당되는 이야기는 아니지만 개인이 SNS에 올리는 정보는 객관성이 없고 그 사람의 주관이 강하게 개입되어 있다.

이런 정보를 접할 때 한 가지 기억할 것은 **그 정보가 옳은지 확인하는 일**이다. 그런 의미에서 그 사람이 책을 출판한 적이 있느냐를 하나의 기준으로 삼을 수 있을지 모른다. 블로그나 SNS를 통해 이야기하는 일은 기본적으로 혼자서 하는 일이므로, 내용이 부정확해도 아무도 그것을 확인할 방법이 없다.

조금 과장된 정도라면 몰라도, 개중에는 주식투자로 돈을 벌지 못하고 있음에도 마치 돈을 벌고 있는 듯 가장하는 사람들이 있다. 예전에 TV에 자주 나와서 몇 년 동안 2억 엔을 벌었다고 홍보하던 트레이더가 있었는데, 유료로 정보를 구입한 투자자와 갈등이 생겨 재판을 하게 된 끝에 그 말이 거짓이었음이 증명되었다.

가령 주장이 진실이어서 주식으로 돈을 벌었다는 증거를 제시할 수 있다면 책을 출판하거나 해서 그 증거를 보여주면 되는데, 아무래도 증거를 보여준 적은 없는 듯하다. 주식시장에서 돈을 벌었다고 말하며 오랫동안 정보를 제공하고 있다면, 그 증거를 보여줘야 더 설득력이 높아질 것이다. 그런데도 증거를 내놓지 않았다면 처음부터 의심스러운 사람이었던 것이다.

반면 주식으로 돈을 벌었다고 말하면서 출판도 한다면, 그 사람이 돈을 번 증거를 출판사에 제시했다는 뜻이다. 출판사는 저자가 돈을 벌었다는 증거를 보지 않으면 성공한 투자자라는 명목으로 그 책을 출판할 수 없을 것이다. 그런 의미에서 **책은 주식으로 돈을 벌었다는 이야기를 꾸며낼 수 없는 매체다.**

신뢰성이라는 의미에서는 꼭 상업출판일 필요는 없다. 《닛케이 베리타스》나 《다이아몬드 zai》 등 유명한 투자 매체에 등장하는 경우도 편집자가 투자 실적을 확인하므로 어느 정도 신용할 수 있다.

인터넷의 정보에는 옥석이 섞여 있다. 개인이 올리는 정보는 특히 그 경향이 강하므로, 눈에 보이는 것을 그대로 진실이라고 믿어서는 안 된다. 필자가 지금 이야기하고 있는 내용조차도 절반은 의심하며 받아들이는 것이 적절하다.

❸ 투자신탁의 월간 보고서

필자의 세미나에서는 **'모두의 주식'**(https://itf.minkabu.jp/) 투자신탁 사이트를 참고해서 평가가 좋은 투자신탁을 찾아내고, 그 투자신탁이 포트폴리오에 포함시킨 종목을 가벼운 마음으로 찾아본다.

모두의 주식 홈페이지

이때 흥미로운 투자신탁, 성적이 좋은 투자신탁이라고 판단하면 그 투자신탁이 해설하는 포트폴리오 웹사이트로 이동해서 내용을 확인한다. 투자신탁을 운용하는 회사는 금융상품거래법이라

는 엄격한 법률 하에 정확한 정보를 개시해야 하므로, 정보가 거짓말일지 모른다는 걱정은 하지 않아도 좋다.

다만 투자신탁이라는 특성상 종목을 크게 좁히지는 못한다. 구성 비율을 보아도 한 종목을 10% 이상 포함시키는 펀드는 그다지 없을 것이다. 고객이 1억 엔을 위탁했다면 그중 1,000만 엔을 하나의 종목에 투자하는 일은 없다.

포함시킨다면 많아 봐야 2%에서 3%, 아무리 자신이 있어도 5% 정도일 것이다. 펀드매니저가 투자신탁의 리스크를 가능한 한 줄이면서 닛케이 평균 주가와 TOPIX라는 지표보다 높은 실적을 기록하기 위해 쓰는 방법이다. 그리고 제1장에서 설명했듯 시장 가격에 영향을 주지 않고 매매하기 위해 그 정도의 비율을 유지할 수밖에 없다는 사정도 있다.

개인투자자의 경우는 투자 금액의 10%를 하나의 종목에 투입한다고 해도 시장에 영향을 미치지 않으므로 투자신탁처럼 분산하지 않아도 괜찮다. 기관투자자의 속사정을 알면 왜 그렇게까지 분산투자를 하는지 이해할 수 있고, 개인투자자가 그것을 꼭 흉내낼 필요는 없다는 사실도 쉽게 알 수 있을 것이다.

참고가 될 만한 투자신탁을 찾아내면 실제로 그 투자신탁의 웹사이트에 가서 **'운용보고서'**를 읽어 보자. 운용보고서에는 대체로 1개월 전의 투자신탁 구성 종목과 상위 10개 종목이 기재되어 있으므로, 그 종목 중에서 마음에 드는 것에 투자하면 된다.

또 운용보고서는 어떤 종목이 포함되었는지 알기 위해서만 읽는 것이 아니다. 그 투자신탁이 어떤 기본 방침으로 투자 종목을 선정하는지, 시장의 앞날을 어떻게 읽어내고 있는지 등을 참고할 수 있다.

투자분석가가 아니라 실제 **펀드매니저가 구입한 종목과 구입한 이유**가 기재되어 있는 경우도 있다. 필자는 이것을 투자분석가의 의견보다 더 진지하게 받아들인다. 어중간한 투자분석가의 의견이 아니라, 책임을 지고 종목을 선택하는 사람의 의견이기 때문이다.

운용보고서 중 필자가 좋아하는 것은 '히후미 투자신탁'의 운용보고서다. 그렇다고 해서 필자가 히후미 투자신탁을 보유하고 있는 것은 아니지만, 운용보고서와 공식 유튜브 채널을 슬며시 보고 있다.

히후미 투자신탁의 후지노 히데토 사장은 이 업계에서 30년간 살아남은 이름난 펀드매니저로, 저서도 여러 권 출판했다. 경제뿐만이 아니라 역사와 정치에 대한 높은 식견도 엿볼 수 있어서 항상 깜짝 놀란다. 그렇다고 해서 딱딱한 내용은 아니고 실무자다운 책들이며, 개인투자자에게도 도움이 되는 시점에서 알기 쉽게 정리되어 있다.

그 풍부한 경험을 겨우 1,000엔의 책에서 가볍게 읽을 수 있으니, 책이란 참으로 멋진 매체라고 생각한다. 독자 여러분도 관심이 가는 분야가 있을 때 입문서를 한두 권 읽어 두면 이해가 깊어질 것이다.

4 신문, 주식투자잡지, 온라인 매체, 책

이것들은 어디까지나 종목을 만나기 위한 정보의 원천일 뿐이다. 어느 잡지든 단기적인 투자에 주안점을 둔 투자자들을 위해 기사를 작성하기 때문에 장기 투자자의 관점에서는 유익한 정보가 아닌 내용도 있다.

장기 투자, 단기 투자, 데이트레이드, 주주 우대를 노리는 투자자, 배당금을 노리는 투자자, 초보자, 테크니컬 투자자 등 각각의 독자층이 관심을 가지고 읽어줄 내용을 싣지 않으면 매출이 오르지 않으므로 어쩔 수 없다.

도요경제신문사, 다이아몬드사, 프레지던트사 등 경제계열잡지사의 잡지도 도움이 된다. 다만 자신이 모르는 업계의 주가 전망이나 금리 전망 등을 예상하는 페이지는 읽어 봤자 시간 낭비이므로 넘어가자. 이런 잡지들은 어디까지나 종목을 알기 위한 참고자료다.

잡지는 예전에는 실물로 읽는 것이 일반적이었지만 지금은 편리한 전자 매체가 있으므로 일일이 사지 않아도 되는 점이 좋다. 최근에는 'd 매거진'이나 '라쿠텐 매거진' 등을 400엔만 내면 읽을 수 있으므로 1개월 정도 이용해 보면 좋을 것이다. (닛케이 신문이나 닛케이 베리타스는 따로 돈이 든다. 시키호 온라인도 유료판은 별도 요금이 든다.)

또 **기업의 오너가 책을 출판**하는 경우는 읽어 보면 좋다. 가까운 사람이 쓴 경우보다는 본인의 이름으로 출판한 책을 권장한다.

⑤ 자신이 실제로 사용 중인 서비스를 활용한다

지금까지는 타인의 안목과 숫자 스크리닝으로 종목을 찾는 방법을 소개했다. 그런데 **자신이 이용하는 서비스에서 투자의 힌트를 얻는** 방법도 효과적이다.

전설의 미국 주식 펀드매니저인 피터 린치도 소비자의 시선에서 종목을 탐색함으로써 월가의 금융 종사자들을 이길 수 있다는 주장을 했다.

필자의 경우는 Hamee에서 쇼핑을 하면서 그 기업 자체에 관심을 가지게 된 것이 투자의 계기였다. 이렇게 생활인의 시선에서 투자하는 방법은 소비자를 대상으로 한 서비스업, B to C에 알맞다. 사업자를 대상으로 한 서비스업인 B to B의 경우는 자신이 일하는 업계라면 감이 오겠지만 그 외의 업계라면 공부가 필요할 것이다.

이렇게 말하면 어렵다고 느끼는 독자들도 있을 것이다. 그러나 전 세계의 사람들이 이용하는 구글, 아마존, 페이스북, 애플, 마이크로소프트 등의 서비스는 우리도 이미 10년 이상 이용하고 있다. 주가가 상승하는 다시 말해 시가총액이 증가하는 종목은 그만큼 사람들이 많이 이용하므로 우리가 소비자로서 서비스를 이용할 기회도 늘어나는 것이다.

성장하는 회사를 찾아내는 단서는 언제나 우리의 주변에 있다. 그 단서를 투자와 연결해 생각하느냐가 관건이다. 필자도 아직 멀었지만, 새로운 대상에 계속해서 호기심을 가질 필요가 있다.

TV에서 광고가 자주 나오는 기업을 주목하는 것도 중요한 방법이다. 광고를 하는 이유는 그 방송을 보는 시청자들에게 자사 제품을 홍보함으로써 광고비용을 충당하고도 남을 만큼의 매출 증가 효과가 기대된다고 회사가 판단했기 때문이다.

TV 광고는 쇠퇴하고 있으며, 그 대신 인터넷 광고가 부상하고 있지만, 인터넷 광고는 기본적으로 그 광고를 보고자 하는 사람에게만 표시되므로 자신이 관심 있는 분야 외의 광고는 나오지 않는다. 예를 들어 필자의 경우는 미용에 그다지 관심이 없으므로 몇 시간 동안 인터넷을 해도 미용 광고는 표시되지 않는다.

한편 대중에게 폭넓게 전달할 목적으로 만드는 TV 광고의 경우, 자신이 관심 있는 분야 외의 광고도 볼 수 있다는 의미에서 도움이 될 가능성이 있다. 최근에는 '데마에칸(배달 서비스)'과 '메챠코믹(e북 및 웹툰 서비스)'의 광고가 자주 보인다.

메챠코믹을 운영하는 회사는 인포컴(4348)이다. 테이진(3401)을 모회사로 두었으며 B to B와 B to C 사업을 실시하고 있다. B to C 분야의 웹툰 사업은 2020년 코로나 시국 속 크게 성장했다.

인포컴 주식회사(4348) 정보·통신 도쿄증시 1부

(비고) 2020년 4월의 코로나 긴급사태 선언 이후 사람들이 집에 머무는 시간이 늘어나면서 웹툰의 수요가 증가했다. 이제 전철에서도 종이로 된 잡지나 만화책을 읽는 사람을 찾아볼 수 없다. 만화에 관심이 없으면 세상의 이러한 변화를 알아차리기 어렵다.

전반적으로 할 수 있는 말은 **다양한 대상에 계속 관심을 가져야 한다는 것**이다. 주가가 상승한다는 것은 기존에 없었던 서비스로 사업자와 소비자의 마음을 사로잡아 매출을 높이고 있다는 뜻이므로, 새로움과 변화를 주목하면 투자의 단서를 찾을 수 있다.

성장주 종목을 찾는 다섯 가지 조건

성장주를 찾는 방법을 살펴보자. 성장주를 찾는 단계에서 필자는 다음과 같은 다섯 가지 조건을 참고한다.

◆ **성장주를 찾는 다섯 가지 조건**

1. 오너 기업이다.

2. 상장 후 10년 이내다.

3. 비즈니스 모델이 독특하다.

   (10년 후에도 필요한 서비스를 제공하고 있다.)

4. 시가총액 300억 엔 미만의 기업이다.

5. 매출과 이익이 모두 전년보다 계속 증가하고 있다.

1. 오너 기업이다

❶ 오너 기업이란

오너 기업이란 창업자 및 그 가족이 주식의 대부분을 보유하고 있고, 오너의 뜻대로 자유롭게 의사결정을 내릴 수 있는 기업이다. 주식의 보유 구조가 분산되어 있어 최종적인 지배자가 없는 대기업과는 반대된다.

오너 기업은 **사업이 아무리 커져도 의사결정이 원활**한 것이 장점이다. 오너 기업은 최종적으로 책임을 지는 사람이 오너 본인이므로 과감한 설비투자와 방향 전환이 가능하기 때문이다.

경영자의 생각을 회사가 실제로 행동에 옮기는 것은 간단한 듯 보여도 어렵다. 주식을 보유하고 있지 않으면 사내 유력자들의 합의를 이끌어내는 사내 조정이 필요해지는데, 오너 기업은 그렇게 할 필요가 없이 오너의 한 마디로 상황이 종결된다.

물론 오너의 독단이 나쁜 결과로 이어지기도 한다. 그러나 모든 책임을 지고 승부에 나서서 결과를 달성해 온 오너의 감각이 실패를 해도 잃을 것이 없는 직원보다 더 뛰어난 경우가 많다고 필자는 생각한다.

반면 대기업은 의사결정이 늦다는 특징이 있다. 직원들은 출세를 위해 경쟁하므로 경쟁자를 쳐내기 위해 자신에게 공이 돌아오지 않는 귀찮은 일은 가능한 한 피하고자 하는 심리가 있다. 부하직원이 흥미로운 제안을 해도 상사가 자신의 출세에 불리한 프로젝트라고 판단하면 실현시키려 들지 않는다.

증권 관련업계를 예로 들면 대기업은 외환차익거래나 가상화폐에는 좀처럼 나서지 못한다. 이러한 사업을 적극적으로 도입한 것은 DDM.com 증권이나 GMO 인터넷(9449) 등 오너가 주도하는 신흥 기업이며, 그 뒤를 따르듯 일부 인터넷 증권이 도입했다.

앞으로도 새로운 서비스가 등장했을 때 오너가 주도하는 기업이 더 빨리 도입할 것이다. 급격히 변화하는 시대에 과감한 변화가 가능한 것은 오너 기업이다.

❷ 주가가 상승한 기업 중에는 오너 기업이 많다

오너의 열정은 주가에도 반영된다. 창업 후 한 세대가 지나기 전에 주가가 크게 상승한 기업으로는 소프트뱅크그룹(9984), 라

쿠텐(4755), 패스트 리테일링(유니클로; 9983), 니토리 홀딩스
(9843), 니덱(6594), M3(2413) 등을 들 수 있다.

세계로 시야를 넓히면 아마존, 알파벳(구글), 마이크로소프트,
페이스북 등을 들 수 있다. 옛날에는 애플도 오너 기업이었지만
실질적인 오너 사장이었던 스티브 잡스가 2011년 세상을 떠나면
서 오너 기업에서 멀어졌다.

물론 오너 기업이 아니라도 훌륭한 기업이 많지만, 기업의 규모
가 커져서 강한 힘을 가진 지도자가 없어지면 아무래도 역동적인
전략을 내놓지 못해 성장이 둔화하기 쉽다.

그 정도로 커진 회사는 말 그대로 손에 꼽을 만큼 드물다. 그러
나 그보다 조금 작은 회사라면 성장 과정을 파악해 가며 그중 두
세 배로 성장할 종목을 찾기가 어렵지 않다.

❸ 오너는 투자자와 이해관계가 일치한다

또 오너는 **사업의 성과가 자신의 자산과 직결**된다. IPO 시(신규
상장 시) 외에는 오너가 주식을 매각할 기회가 제한되어 있다.

법률상으로는 절차를 지키면 매각이 가능하다. 특히 주주를 늘
리고 싶을 때는 대의명분이 있으므로 창업자의 주식을 매각하는
경우가 있다. 불특정다수의 사람에게 주식이 분산되면 그것만으
로도 매매의 기회가 증가하기 때문이다.

그러나 주식을 매각하면 보유 주식 비율이 낮아져서 경영이 불
안정해질 리스크가 생기므로, 보유 주식을 필요 이상으로 매각할

수는 없다. 그래서 오너 가족은 마치 은행 예금을 인출하듯 보유
주식을 매각해서 현금을 만들 수는 없다. 회사의 실적을 개선해
배당금을 늘리지 않으면 소득은 생각만큼 늘지 않는다.

고용된 사장일 경우 임원의 보수는 대체로 정해져 있으므로 실
적이 향상되어도 오너 사장만큼 이익이 증가하지 않는다.

요즘에는 인센티브를 주기 위해 자사 주식으로 임원 보수를 지
급하는 회사도 늘어나고 있다. 양도제한조건부 주식이라는 제도
가 있으며, 이 제도는 상장회사에 점차 도입되고 있다. 대강 말하
면 임원 보수의 일부를 현금 대신 자사 주식으로 지급하는 제도
로, 재직 기간 중에는 매각할 수 없고 만약 도중에 사직하면 그 주
식에 대한 권리를 잃게 된다.

그렇다고는 해도 막대한 자산은 아니므로 역시 오너 사장과는
다르며, 무엇보다 회사에 대한 애정이 다르다. 이미 완성된 시스
템 속에서 출세 경쟁 끝에 사장이 된 사람과 원룸에서 창업해서
몇십 년에 걸쳐 몇 번이고 아수라장을 견뎌내며 대기업으로 길러
낸 사람의 마음이 다른 것은 필자 같은 비전문가라도 금방 알 수
있다.

❹ 공감할 수 있는 경영자를 찾는다

오너 사장들은 모두 매력이 있다. 사업을 구상하는 상상력, 연

봉과 복지가 좋지 않을 때에도 직원들에게 동기를 부여해 이끌고 나가는 리더십, 배신이나 시장 악화로 인한 경영 위기가 찾아와도 극복하는 정신력, 며칠씩 밤을 새워도 지치지 않는 엄청난 체력, 무엇보다 상장까지 다다르는 행운을 모두 가진 사람들이기 때문이다.

그렇기에 경영자는 매력적이다. 얼토당토않은 허황된 이야기를 금방이라도 실현시킬 듯 말하고, 실제로 실현시킨 사람들이 바로 오너 사장이다.

이러한 오너들을 보며 **어떤 유형의 오너라면 공감할 수 있는지** 생각한 후 투자하는 것도 좋다.

사회 문제를 비즈니스로 해결하는 일을 전면에 내세우는 유형인가? 영업과 마케팅에 능하며 일단 숫자를 달성하는 관리자 유형인가? 기술자로서 고생하며 올라온 사장인가? 어떤 유형이 반드시 좋다고는 할 수 없으므로 사장의 면모를 볼 수 있는 회사의 주식을 구입하도록 권하는 바다.

구체적으로는 유튜브에서 상장이나 이전 상장 시의 인터뷰를 볼 수 있으므로 참고하거나, 분기별 결산의 회사 설명 등에서 눈에 보이지 않는 정보를 찾아보자.

흔히 벤처기업은 사장의 개성이 강하고 독특한 사풍이 형성된다고 말하는데, 그런 사풍은 상장 시까지 아직 남아 있는 법이다. 야근을 마다하지 않는 가열 찬 분위기일 수도 있고, 동아리와 같은 분위기가 남아 있을 수도 있다.

예를 들어 교세라(6971)는 대기업이지만 이나모리 가즈오 회장이 내세우는 '교세라 철학'이 화제가 되고 있다. 느슨한 회사에 다니는 필자는 도저히 따라가지 못할 것 같다.

그렇다면 어떻게 오너 기업을 가려내면 될까? 사장의 이름이 대주주 중 가장 위에 있을 경우는 곧바로 오너임을 알 수 있지만, 오너의 관리회사 명의로 오너가 주식을 보유하는 경우도 있다. 락필드(2910)의 사장은 이와타 고조인데, 대주주란의 맨 위에는 ㈜이와타라는 회사가 있다. 이것은 명백히 **사장의 자산관리회사**다.

2. 상장 10년 미만이다

상장 10년 미만인 회사는 경영자도 젊어서 유연하게 신규 업무를 창출하므로 대박의 가능성이 높을 것이라고 기대할 수 있다. 성장주는 기본적으로 우상향 추이이므로 가능한 한 이른 단계에서 붙잡는 것이 좋다.

회사는 신규 업무를 창출하거나 M&A로 타사를 흡수 합병하는 등의 과정을 통해 성장해 나가므로, **재무제표에는 나타나지 않는 잠재력을 발휘하기 위해 충분한 시간이 필요**하다.

그러나 필자는 신규 공개 주식은 구입하지 않는 것을 원칙으로 삼고 있다. 신규 공개 주식의 주가가 그대로 계속 상승하는 경우도 있지만 많은 경우는 프리미엄이 빠지고 나면 하락하기 때문이다.

IPO의 주가는 처음에는 기대를 따라 성립하나, 이후에는 기대가 수그러들고 실제 가치가 평가된다. 거기에는 몇 년의 시간이 걸린다. 수익이 높아지는 것을 가만히 지켜본 후 도중에 투자해도 시간이 충분하고, 그 시점에서 자신이 매수할 수 없게 되었다고 생각하면 매수하지 않아도 된다.

그러나 많은 사람들은 오른 종목만을 보고 '이 종목에 투자했으면 돈을 벌었을 텐데'하고 속 편한 상상을 한다. 기세 좋게 상승하는 종목만 계속 보유하는 일은 아마추어 투자자에게는 도저히 불가능한데도 말이다.

필자는 크게 상승한 종목을 놓치는 일이 **하락하는 종목에 말려드는 일**보다는 낫다고 생각한다. 설령 실제 가치보다 가격이 높은 상태로 상승해서 투자 기회가 없었다고 해도 인연이 없었을 뿐, 다음 기회를 기다릴 수밖에 없다.

3. 비즈니스 모델이 독특하다

(10년 후에도 사회에 필요한 것을 제공하고 있을 회사)

우리가 노리는 것은 알 만한 사람만 아는 회사, 앞으로도 한동안 계속 성장할 것으로 예상되는 회사다. 그러므로 **독특한 비즈니스 모델로 진입장벽을 구축했는지** 확인해야 한다.

이것은 세계 최고의 투자자인 워런 버핏도 저서에서 이야기했다. '경쟁 기업의 공세에서 지켜 줄 진입장벽이 높으면 높을수록 기업은 계속 돈을 벌 수 있다.' 어떤 비즈니스든 돈이 벌린다면 새로 진입하는 기업이 나온다. 이미 성공한 비즈니스 모델이 있으므로 그것을 조금 바꾸어서 시장을 차지하는 것은 자금력 있는 후발 기업이 항상 사용하는 방법이다.

그러므로 지금 잘 나가고 있는 기업은 어떻게 시장을 확대하며 자사의 비즈니스를 성장시키고 있는지, 어떻게 다른 강력한 기업의 진입을 막으면서 비즈니스를 강화할지 생각한다.

예를 들어 옵팀(3694)은 '**특허**'라는 형태로 자신의 영역을 지키고 있다. 에니그모(3665)는 '**고객**'이라는 형태로 지키고 있다.

상장 후의 회사는 도산하느냐 마느냐의 단계는 벗어난 상태이며 계속 이익을 창출할 수 있는 체력을 갖추고 있다. 그렇지 못한 기업이라면 증권거래소도 상장을 인가하지 않는다. 다만 가만히 있으면 경쟁자가 들어오는 것이다.

또 10년 후에도 세상에 도움이 되는 서비스를 제공하고 있을지에 대한 관점에서 회사를 바라보는 일도 중요하다.

한 예로 앨란(6099)이라는 회사가 있다. 이 회사는 **고령화를 테마로 삼아 입원을 위한 세트**를 제공하고 있다. 이 회사의 서비스는 환자의 입장에서 보면 가족이나 친척에게 매번 갈아입을 옷을 부탁하지 않아도 돼서 좋고, 병원의 입장에서 보아도 편리하다. 이 회사는 지금까지 본 적 없는 편리한 비즈니스를 무기로 매출을 높이고 있다.

앞으로는 가족이 없는 노인이 늘어날 가능성이 높다. 가구 수가 증가하는 동시에 노인도 증가하고 있으므로 필연적인 일이다. 쇠약해진 노인이 입원하면, 적은 수의 가족이 돌보기 쉽지 않을 것이다.

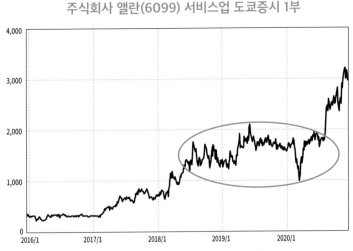

주식회사 앨란(6099) 서비스업 도쿄증시 1부

(비고) 아무리 성장성이 있어 보이는 종목이라도 보합 기간이 있으며 그 기간을 견딜 필요가 있다. 앨란의 예에서는 2년간(2018년 7월~2019년 7월) 박스권 추이가 나타났다.

또 노인을 위해 도시락을 배달하는 실버라이프(9262)도 10년 후까지 살아남을 것이다.

실버라이프는 진입장벽으로써 광범위한 네트워크를 구축하고, 공장 대량생산과 냉동 설비를 이용해 비용을 절감해서 업계 최저 수준의 가격으로 노인을 위한 도시락을 제공하고 있다.

도시락을 만들기만 하면 되므로 신규 진입은 쉬워 보인다. 그러나 연금으로 생활하는 노인들이 매일 무리 없이 지불할 수 있는 수준까지 금액을 낮춰서 도시락을 생산하는 일은 대량생산과 독자적인 배송 네트워크를 준비하지 않으면 잘 되기 어렵다.

각 지역 거점으로 도시락을 운반하는 일은 쉽지만 거기서부터 각 소비자에게 배달하는 과정이 빈틈없이 정비되어 있어야 비로소 저렴한 가격으로 도시락을 공급할 수 있게 된다.

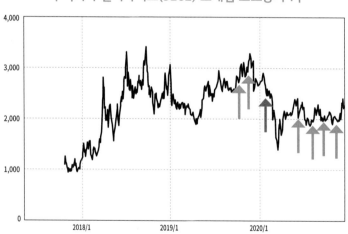

주식회사 실버라이프(9262) 소매업 도쿄증시 1부

(비고) 코로나 쇼크 부근에서 매도했지만, 시장이 진정되기 시작했을 때 다시 매수했다. 단기적으로는 전국의 가정으로 도시락을 배달하기 위해 물류에 대한 선행 투자가 계속되고 있다. 앞으로도 노인 인구가 증가할 것임은 인구 동향을 볼 때 확정된 사실이므로 실버라이프의 시장 전망은 밝다. 경쟁사와의 가격경쟁에서 승리할 수 있을지가 관건.

9262 실버라이프		현물 매도	238,968	19/10/10	297,600	-58,632
20/02/18	100주	20/02/20	(132)			
9262 실버라이프		현물 매도	239,165	19/12/12	297,600	-58,435
20/02/18	100주	20/02/20	(134)			
9262 실버라이프		현물 매도	239,165	20/01/21	297,600	-58,435
20/02/18	100주	20/02/20	(134)			
9262 실버라이프		현물 매도	239,167	19/11/25	297,600	-58,433
20/02/18	100주	20/02/20	(135)			

앨란과 같이 노인을 대상으로 한 서비스는 앞으로 계속 성장할 것이므로, 진입장벽을 유지하며 비즈니스를 수행하는 동시에 이러한 시류에 올라타는 회사는 성장 가능성이 높다.

앞으로 일어날 현상 중 사업 기회가 될 만한 것은 노인 관련뿐만이 아니다. 그러나 인구 동향에서 노인이 증가하고 있는 이상 이러한 서비스의 수요는 커질 것이다. 물론 어떤 진입장벽을 유지하고 있는지 확인할 필요가 있음은 말할 것도 없다.

경쟁이 심하지 않은 업계도 노려볼 만하다. 당장 돈이 될 듯한 업계, 성장 중인 업계에는 거액의 자금이 투입되고 우수한 인재도 유입된다.

AI 관련, 블록체인, 가상화폐, 온라인 의료, 클라우드 서비스 등의 업종에서는 벤처로 성장해도 언제 강력한 경쟁자가 진입할지 알 수 없다.

수수한 업계를 선택하면 경쟁자가 잘 나타나지 않는다는 장점이 있다. 돈이 될 것 같지 않으면 거물들은 진입하지 않는다. 반대로 쇠퇴 산업으로 여겨지는 업종이기에 성장하는 회사도 있다.

예를 들어 피클스 코퍼레이션(2925)은 축소 중인 김치 업계에서 최고의 성적을 거두고 있다.

대규모 업체가 없기 때문에 경쟁이 심하지 않다. '밥도둑 군' 등의 상품만으로 한동안 성장이 기대된다.

필자는 TV에서 김치 광고 중 피클스 코퍼레이션 외의 광고를 본 적이 없다. 전국적인 TV 광고를 할 여력이 있는 장아찌·김치 회사는 그다지 많지 않음을 알 수 있다. 이런 상황에서 이 회사는 계속해서 실적을 확실히 높이고 있다.

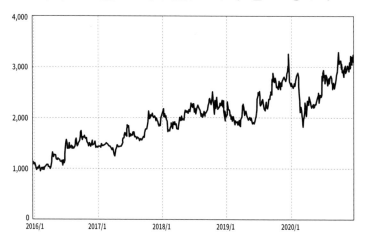

주식회사 피클스 코퍼레이션(2925) 식료품 도쿄증시 1부

(비고) 장아찌·김치 시장 자체는 계속 축소되고 있지만, 강력한 경쟁자가 없는 가운데 소수의 전국 규모 브랜드로서 이익을 확보하고 있다. 경합 상대들이 약하면 그만큼 실적을 높이기 쉽다.

4. 시가총액 300억 엔 미만의 기업

시가총액 300억 엔 미만의 종목은 소위 소형주로 분류된다. 시가총액은 '주가×발행 주식 수'로 계산한다. 발행 주식 수가 똑같다면 시가총액이 증가하기 위해서는 주가가 상승해야 한다. 당연한 이야기이지만 시가총액이 크면 클수록 기업으로써 성숙한 것이며, 주가가 더 상승하기 위해서는 더 큰 힘이 필요해진다.

기업의 규모가 커지는 일은 마치 집을 증축하는 일과도 같아서, 대폭 커질 경우 처음부터 새로 시작하는 것과 비슷한 노력이 든다. 서비스의 질을 유지하는 동시에 매출을 높이기 위해서는 직원 수도 늘려야 하고, 사무실 임대료도 더 많이 든다. 광고비도 든다.

한편 실적은 시장 전체의 크기보다 더 커질 수는 없으므로 어느 지점에서 성장이 점차 멈추게 된다. 요지는 회사가 커지면 커질수록 사업이 까다로워진다는 것이다.

300억 엔 정도의 시가총액이라면 시장을 점령해서 포화 상태가 되었을 가능성은 낮으므로, 그 후로 경영자의 수완과 시대의 흐름이 잘 따라 주면 시가총액이 1,000억 엔, 2,000억 엔으로 자라나는 경우가 있다. 그러한 회사의 성장을 알아볼 수 있다면 **수익이 열 배가 되는 주식(텐배거)**을 붙잡을 수 있는 가능성이 높아진다.

그러나 예측이 틀릴 가능성도 있으므로 신중하게 투자하고 싶다면, 그림즈(3150)와 같이 몇 년째 매출과 이익이 계속 증가하고 있는 기업을 노리면 좋다.

이 기업의 업종은 제대로 접근하면 중소 제조업체의 전력 요금

절감 등 비용 절감이라는 장점이 있는 업종이므로 다른 기업들이 고객이 되기 쉽다는 특징이 있다.

또 영업 출신의 다나카 마사오미 사장은 철저히 영업 성적으로 사원들을 평가해서 인센티브를 주는 방법을 실시하고 있다. 열정과 노력을 중시하는 유형이다. 이 회사의 최대 강점은 상품 자체가 아니라, 어떤 상품이든 팔 수 있는 시스템이다.

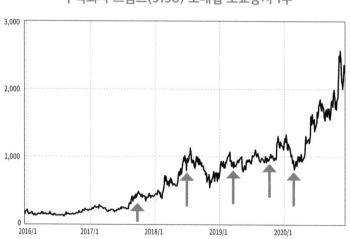

주식회사 그림즈(3150) 도매업 도쿄증시 1부

(비고) 사업 내용은 평범하지만 결산 성적이 항상 좋은 회사는 프로가 볼 때 매력적이다. 화살표는 필자가 구입한 시기.

고객 기반을 확대해 나가며 법인들을 대상으로 앞으로도 잘 팔리는 상품을 찾아내 사업을 확대해 나갈 것으로 예상된다.

투자자의 시각에서 볼 때 숫자는 그 기업의 모습을 반영하므로 필자는 이 회사에 투자할 가치가 있다고 판단했다.

5. 매출과 이익이 모두 매년 증가하고 있다

이 점을 조건으로 내건 이유는 매출과 이익이 계속 증가하는 현상은 그 자체가 다른 **투자자들을 끌어들이므로 주가가 상승하기 쉽기** 때문이며, 또 기업으로써 강점이 있다고 추정할 수 있기 때문이다.

매출과 이익의 증가는 객관적으로 금방 알 수 있는 자료다. 과거 연도의 결산 동향을 조사해서 지난 몇 년간 매출과 이익이 증가하고 있는지 확인할 수 있다.

투자자는 사업의 자연스러운 결과로 이익이 발생한다고 생각하기 쉽다. 기업 결산 때마다 시장의 예상보다 이익 수준이 높거나 낮다는 뉴스에 따라 주가가 크게 출렁이는 것을 보면, 많은 투자자들이 이익 금액을 투자의 커다란 판단 기준으로 삼고 있음을 알 수 있다.

그러나 상장기업의 이익 계상은 어느 정도 조정이 가능하다는 점을 기억하는 것이 좋다.

이익을 속인다는 뜻이 아니다. 기업의 회계 부문은 지금까지의 실적을 바탕으로 다음 회기의 매출 전망이 어느 정도이고 경비를 얼마나 지출해서 최종적으로 이익을 얼마나 남길 수 있는지 정밀하게 예측한다.

이 실적 예측은 과거의 자료를 토대로 실시하므로 상장 후 흐른 시간이 길면 길수록 회사로써 조직 형태가 굳어졌으면 굳어졌을수록 정밀하게 예측할 수 있다. 사업의 안정도 요인일 수 있다.

투자자들의 눈을 의식하지 않는다면 사장 혼자만의 뜻대로 계속 투자해서 적자가 되어도 이상할 것이 없지만, 실제 회사들은 투자자들의 반응을 의식한다.

10년 연속으로 매출과 이익이 증가했으므로 다음 분기도 증가가 예상되고, 이것은 비즈니스 모델도 안정되었다는 증거이기도 하다고 사장이 말하면 투자자들에게 좋은 반응을 얻을 수 있다.

배당금을 서서히 올리는 것도 마찬가지로 투자자의 반응을 의식한 일이다. 투자자란 같은 배당금이라면 오랫동안 안정되게 받는 것을 더 선호하는 생물이다.

지금 배당금 원금이 30엔이고 그것을 1년 동안 받은 후 9년 동안 전혀 받지 않는 것보다는 10년에 걸쳐 3엔씩 받는 것을 선호한다. 더 나아가면 1엔, 2엔, 3엔 하는 식으로 매년 조금이라도 올리는 것을 선호한다. 투자자들의 그런 심리를 알고 있는 기업은 배당 성향을 10%나 20%의 낮은 수준으로 유지하면서 연속 증배를 실시한다.

또 매출과 이익이 계속 증가하는 일 자체도 강점이다.

매년 매출과 이익이 계속 증가한다는 것은 미래를 위한 투자에 자금을 계속 투자하면서도 최종적으로 작년보다 많은 이익을 얻고 있다는 증거다. 다시 말해 무언가 강점이 있어서 고객에게 높은 가격으로 서비스를 제공할 수 있는 회사이기에 전년도 대비 최종적인 당기순이익을 계속 늘리는 동시에 훗날을 위한 발판을 다질 수 있는 것이다.

반대로 원가에 마진을 다소 얹는 장사밖에 할 수 없는 회사는 투자를 충분히 할 수 없으므로 실적의 큰 증가를 기대할 수 없다.

그렇기에 매년 매출과 이익이 증가하는 종목은 그것만으로도 영업이익률과 경상이익률이 높은 회사라고 추정할 수 있다. 거래소그룹이 집계한 2019년 도쿄증시 1부 상장기업의 평균 경상이익률은 6%다. 그러므로 경상이익률이 10% 안팎이라면 우수한 회사, 15% 이상이라면 매우 우수한 회사라고 말할 수 있다.

그리고 경상이익률이 높다는 것은 같은 업종의 다른 회사들과 비교해서 무언가 강점이 있다는 뜻이다. 경쟁자가 없거나, 압도적인 브랜드 파워가 있거나, 지적재산권이 있거나, 영업 능력이 두드러지거나, 비용 관리가 매우 효율적일 수 있다. 비즈니스 모델이 독특한 기업을 이야기할 때도 언급했는데, 숫자를 통해 강점을 감지하는 것이다.

'2:6:2 법칙'

그렇다면 투자를 할 때 어떤 요소들을 얼마나 보고 판단해야 할까? 필자는 **'오너 20%, 재무제표 60%, 그 외의 요소 20%'**를 본다. 재무제표의 숫자에는 그 회사의 경영철학 그리고 지금까지의 사업성과 축적이 반영되어 있으므로 재무제표에 60%를 부여한다.

◆ **투자 판단 요소 '2:6:2의 법칙'**

2 ➡ 오너

6 ➡ 재무제표

2 ➡ 그 외의 요소

핵심은 **이익률이 높은 사업을 계속하면서 꾸준히 사내유보금을 축적하고 있느냐**다. 이 점은 착실한 사풍을 반영한다고 할 수 있을 것이다.

그러나 향후 방침 등은 재무제표에 전혀 드러나지 않는다. 재무제표에서는 과거부터 현재까지의 경영 상황밖에 추적할 수 없다. 그러므로 향후 방침은 오너 사장의 사고방식, 결산 설명회의 영상, 투자자에 대한 메시지에서 찾는 것이 좋다.

이 요소들을 조합해도 주가 상승에 대한 확증을 얻을 수는 없다. 마지막 순간에는 감으로 투자하는 것이다. 김빠지는 말일 수 있지만 조사할 수 있는 만큼 조사한 다음에는 자기 자신을 믿고 투자하는 수밖에 없다. 100% 상승하는 종목을 찾아내는 일은 불가능하므로, 주가가 상승할 경우와 하락할 경우 각각 어떻게 대응할 것인지 생각하며 투자하자.

실제 종목에서 성장주를 찾아본다
: Hamee(3134)

그러면 실제로 한 종목을 예로 들어 성장주를 찾는 방법을 생각해 보자. 필자가 1년 이상 세미나에서 주목할 종목, 예제 종목으로 제시한 Hamee(3134)다. 이 종목은 필자가 스마트폰 케이스를 찾다가 발견했다. B to C 종목은 소비자가 일단 찾고자 하면 주변에 단서가 널려 있을 때가 많다.

Hamee가 우선 **'1. 오너 기업인지'**를 확인하자. 상위 주주를 알고 싶다면 〈會社四季報(회사사계보, 일본의 주식 정보 잡지)〉를 확인하자.

주주 명부 상위에 나오는 개인의 이름은 히구치 아쓰시. Hamee의 창업자이자 사장이다. 사장의 자산관리회사로 보이는 AOI(주)와 합치면 주식이 과반수이므로 오너 기업임을 알 수 있다.

다음으로 **'2. 상장 10년 이내인지'**를 확인해 보겠다. 이 회사는 2015년 4월 상장했으므로 조건을 충족한다.

그다음은 **'3. 비즈니스 모델이 독특한지'** 10년 후에도 사회에 필요한 회사일지 확인해 보자.

Hamee의 비즈니스 모델에서 독특한 점은 기획과 제조에서 판매에 이르기까지 모두 관여하는 스마트폰 케이스 제조업체인 동시에 전자상거래 사업자들을 위한 업무용 소프트웨어인 넥스트엔진을 개발했다는 점이다.

넥스트엔진은 원래 Hamee가 여러 매체에서 전자상거래를 실시하면서 적은 인원으로 효율을 높이기 위해 사내용으로 개발한 소프트웨어를 마찬가지로 일손이 부족해 어려움을 겪는 다른 전자상거래 사업자들에게 제공하기 시작한 것이 시초다.

실제로 인터넷에서 물건을 팔아 보면 알 수 있지만, 상품이 한번 팔리기 시작하면 그 후의 작업 흐름은 매번 똑같으며 시간과 노력이 든다.

고객에 대한 감사 인사, 구입 상품의 확인, 구입 상품의 배송이라는 과정에 더해 사내에서는 재고를 확인한다. 상품을 포장한 후 송장을 작성하고 택배사업자에게 전달하는 일도 상당히 수고롭다.

전자상거래 사업자가 이러한 수고를 조금이라도 덜고 본래 사업에 집중할 수 있기를 바라는 마음이 넥스트엔진의 개발로 이어졌다.

Hamee 업무의 독특함은 **제조사인 동시에 소프트웨어 개발사**라는 데에 있다. 게다가 두 업무가 별개가 아니고 유기적으로 연결되어 있다. 스마트폰 케이스 판매에서 얻은 노하우를 소프트웨어 개발에 적용하고, 소프트웨어를 개발해 새로운 기능을 탑재함으로써 업무의 효율이 얼마나 높아졌는지 자신들의 사업에서 시험한다. 이런 흐름의 업무는 양쪽 사업을 모두 실시하는 Hamee이기에 가능할 것이다.

스마트폰 케이스 시장은 **틈새시장이기 때문에 강력한 기업이 등장하지 않는다**는 것도 Hamee의 강점이다. 스마트폰 케이스 제조사 중 누구나 이름을 들어 본 회사는 거의 없다. 물론 구찌, 샤넬, 프라다, 루이비통 등의 명품 스마트폰 케이스도 있지만 이 회사들이 스마트폰 케이스 제조사로써 유명한 것은 아니다. 당장 강력한 경쟁자가 출현할 가능성이 낮다는 점에서 향후 사업 여건이 안정되어 있는 것으로 보인다.

그다음은 **'4. 시가총액이 300억 엔 미만의 기업인지'**이다. 2020년 12월 30일의 종가 1,999엔을 가지고 계산하면 시가총액은 324억 엔으로 이미 300억 엔을 넘었지만, 필자가 구입했을 때는 100억 엔 정도였기 때문에 조건을 충족했다.

물론 이제는 300억 엔을 넘었으므로 투자하면 안 된다는 뜻은 아니며, 오히려 안정되게 성장하는 단계에 접어들었다고 할 수도 있다. 예전과 같이 매출이 몇 배로 불어날 일은 없겠지만 시가총액이 1,000억 엔이 된다고 가정하면 아직 두 배, 세 배가 될 가능성은 있다.

실적의 안정은 예전보다 확실하지만 그것은 곧 예측이 가능하다는 뜻이므로, 예상외의 실적 상승에 따르는 폭발적인 주가 상승은 기대할 수 없다는 뜻도 된다.

안정과 폭발적인 상승을 모두 가질 수 없기는 하지만, 기관투자자의 경우는 너무 젊은 기업에 투자해서 실패하면 변명거리가 없기 때문에 어느 정도 성장한 단계에서 비로소 투자를 시작하는 것이 일반적이다.

마지막으로 **'5. 매출과 이익이 모두 매년 증가하고 있는지'** 일시적으로 이익의 성장이 멈춘 적이 있지만 전체적으로 보면 매년 매출과 이익이 모두 증가하고 있으므로 문제없다.

어떤 종목이든 일시적으로 매출이나 이익의 증가가 멈추는 경우가 있다. 선행투자 때문일 수도 있고 코로나와 같이 어쩔 수 없는 사정 때문일 수도 있다. 그 원인을 살피는 일도 중요한데, 경험을 쌓으면 잘 판단할 수 있게 된다. 결산 내용이 나쁠 때일수록 기업은 일반적으로 투자자들을 의식하며 자료 작성에 공을 들이므로 그것을 보고 판단하자.

이렇게 투자 대상 후보를 추려내고 나면 그다음은 **'이 종목의 강점은 무엇인가?', '이 환경에서 계속 성장하고 있는 이유는 무엇인가?'**를 철저히 생각한다.

매출과 이익이 계속 증가한다면 기본적으로는 판매 성적이 계속 향상되고 있는 것이다. 증세와 코로나라는 가혹한 여건 속에서 계속 성장하는 비밀은 무엇일까? Hamee의 경우는 앞에서도 조금 언급했듯 스마트폰 케이스 제조판매업과 소프트웨어 개발업을 병행하는 것이다.

그러나 조금 더 파고들어 보면 Hamee의 경우는 **시대의 변화에 맞춰 사업 형태를 변화시키는 유연함**이 특징이 아닌가 싶다.

처음에 휴대전화 줄을 만들던 Hamee는(웹사이트 이름에는 지금도 그 흔적이 남아 있다) 시대의 변화를 따라 사업 내용을 바꾸어 왔다.

앞으로 어떤 세상이 찾아오든 거기에 맞춰 유연하게 변화해 나가는 모습이 Hamee를 깊이 탐구했을 때 관찰되는 강점이다.

그리고 오다와라라는 지역을 본사의 거점으로 선택해, 도시보다 느긋하게 흐르는 시간 속에서 창의적으로 일하는 집단을 만들어 내는 것도 인재 육성이라는 측면에서 볼 때 흥미로운 접근법이다.

제6장

성장주 투자에서는 재무제표를 공략하자

성장주 투자에서 60%의 비중을 두어야 할 재무제표

이제부터는 **'2:6:2 법칙'에서 6의 비중을 차지하는 재무제표**를 살펴보겠다. 재무제표라고 하면 왠지 어렵게 들려서 뒷걸음치는 사람들이 있을지도 모른다.

확실히 프로 투자자의 수준까지 재무제표를 읽어 내거나, 경리로서 재무제표를 작성하는 일에는 지식과 경험이 필요하다.

그러나 B급 투자자로서 투자하는 수준이라면 그다지 어려운 지식은 필요 없다. 영어와 마찬가지라고 생각하자. 투자자 등의 이해관계자들을 위해 누구나 쉽게 이해할 수 있도록 회사의 중요한 정보를 기재한 것이 바로 재무제표다.

재무제표는 말하자면 기업의 가계부와도 같다. 상장기업에는 투자자를 비롯한 이해관계자가 많다. 이해관계자들이 투자에 관련된 판단을 내릴 수 있도록 상세한 정보를 기재한 것이므로, 이해하기 어려운 부분이 있다면 **전부 가계부로 바꿔서 생각하면 된다.**

여기서는 기업 분석에서 사용하는 용어를 가계부의 용어로 바꾸어 소개하겠다. 몇 번 반복하면 이미지가 선명해지고, 그 후 실제 결산서 몇 부를 보면 이해가 깊어질 것이다. 그러면 시작해 보자!

'손익계산서'에서 봐야 할 부분

손익계산서는 말하자면 **1년간의 가계 수지**다. 1년간 일해서 번 돈에서 쓴 돈을 빼서 돈이 얼마나 남았는지 나타내는 것이다. 가령 연 수입이 600만 엔이고 지출이 500만 엔이라면 100만 엔이 이익이다. 수입에서 주택융자, 보험, 식비, 수도요금, 광열비, 교육비, 용돈 등을 빼고 얼마나 남았는지 계산하는 것이다.

기업의 경우는 이해관계자가 다양하므로 최종적인 이익뿐만이 아니라 그 도중의 이익도 공개한다. 하나하나 가계에 빗대어 보겠다.

▮ '영업이익'에서 봐야 할 부분

영업이익은 본업의 이익을 나타내는 숫자다. 매출 총이익에서 관리비를 뺀 것이 영업이익이다. 본업으로 번 돈이란 지속력이 강하고 가장 수지가 잘 맞는 돈이다. 수지가 잘 맞는다는 말은 자신의 노력에 따라 이익을 늘릴 수 있다는 뜻이다. 자기 회사의 일이므로 영업 활동의 효율을 높이거나 경비를 절감하는 등 여러 가지로 궁리할 수 있다.

투자라는 관점에서는 **매출에서 영업이익이 차지하는 비율이 높은 경우** 그냥 지나쳐서는 안 된다. 영업이익의 비율이 높다는 것은 타사보다 좋은 아이디어를 내고 있다는 뜻이다. 치열한 경쟁

속에서 영업이익률이 10%를 넘는다면 대단한 일이다.

가계로 바꾸어 생각해 보면 직장인이 세전 소득(기업의 매출 총 이익)의 10%를 저금한다면 대단한 일이다. 세전 소득이 30만 엔 이라면 3만 엔, 40만 엔이라면 4만 엔을 저금하는 것과 같다.

필자를 포함해서 주식 투자자들은 최종 순이익은 매출이 높아 지면 자연스럽게 늘어난다고 생각하기 쉽지만 사실은 결코 그렇 지 않다. 매출이 늘어나면 인건비, 판매관리비, 광고비 등의 비용 이 늘어 이익을 압박하는 경우가 많다. 가계의 경우도 수입이 늘 면 외식으로 나가는 비용도 많아지고, 더 비싼 집이나 자동차를 구입하고 싶어지기도 할 것이다. 그렇게 하지 않고 생활수준을 일 정하게 유지하려면 강한 정신력이 필요하다.

회사의 경우로 돌아와서 생각하면, 회사가 튼튼한 이익 체질을 유지하는 것은 이익이 발생해도 경비를 억제하며 지속적으로 이 익을 창출하는 DNA를 갖추고 있다는 증거다.

② '경상이익'에서 봐야 할 부분

본업으로 버는 돈인 영업이익에 본업 외의 이익(또는 손실)을 더한 것이 경상이익이다. 직장인 중에도 유가증권 배당, 부동산 임대수입 등 급여 외의 수입원이 여러 가지인 사람도 있을 것이 다. 그 이익을 본업에서 들어오는 급여에 더한 것이 가계의 전체 수입이다.

한편 기업은 은행과 투자자들에게서 돈을 빌려 경영하는 것이 당연하므로 금리를 지불하게 된다. 이 점은 빚을 내지 않는 것이 바람직한 가계의 경우와 다른 부분이다. 필자도 처음에는 수중에 있는 돈의 범위 내에서 사업을 하는 것이 더 안심되지 않을까 생각했다.

그러나 상장기업은 리스크와 리턴을 저울에 달아 보며 가능한 한 이익을 추구할 필요가 있다. 투자자는 **빌린 돈보다 더 큰 이익을 낳을 수 있는 사업이 있다면 적극적으로 투자한다**.

부동산 투자를 예로 들어 생각해 보겠다. 지금 1,000만 엔의 부동산 자금이 있다고 하자. 수익률이 10%인 부동산을 5,000만 엔에 팔고 있다.

자신의 자금밖에 사용할 수 없다면 나머지 4,000만 엔을 모을 때까지 투자할 수 없다. 한편 은행에 상담을 하러 갔더니 4,000만 엔을 3% 이율로 융자해 줄 수 있다고 한다. 그렇다면 단순히 계산할 때, 빌린 돈의 금리보다 높은 수익률로 부동산에 투자할 수 있으므로 손안에 남는 자산은 증가한다.

투자자의 입장에서는 부동산에 투자하나 기업에 투자하나 마찬가지이므로 은행이 가능한 범위 내에서 기업에 대출을 해 줘서 기업이 이익을 늘리는 것이 좋다. 융자를 통해 돈이 더 빠르게 순환해서 기업은 이익을 더 많이 올릴 수 있다.

빚은 나쁜 것, 갚아야 하는 것이라는 개념은 개인에게는 들어맞는다. 그러나 상장할 정도의 기업은 빚을 갚지 않는다. 돈을 떼어먹는다는 뜻은 아니다. 사업이 잘되는 한 대출은 그대로 남겨 둔다. 그동안 자기자본이 증가하고 그만큼 대출을 더 늘린다. 대차대조표가 점점 불어나는 것이 기업의 성장 과정이다.

❸ '경상이익'이 회사의 실력을 보여준다

영업이익이 본업으로 돈을 버는 능력을 보여준다면, 경상이익은 그 **회사의 진짜 실력을 보여준다**고 할 수 있다. 경상이익을 포함한 수입이 기업의 안정적인 수입이기 때문이다. 그래서 주식투자를 할 때는 이 경상이익을 보지 않으면 그 회사의 진짜 실력을 알 수 없다.

다만 주가가 폭발적으로 상승하기 위해서는 역시 본업으로 돈을 잘 벌어야 한다. 경상이익은 말하자면 **투자로 번 돈**이다. 돈이 벌릴 수는 있지만 투자 자체가 돈이 많이 들기 때문에 수익률은 그다지 높지 않다.

❹ 영업이익은 없지만 경상이익은 굉장히 많은 이와쓰카 제과

경상이익이 회사 이익의 대부분을 차지하는 이와쓰카 제과(2221)를 소개하겠다. 이 회사는 본업인 쌀과자에서는 가메다 제과(2220)에 크게 뒤지지만 요술방망이를 하나 가지고 있다.

옛날에 이와쓰카 제과는 대만의 기업가, 현재의 왕왕그룹 총재인 차이옌밍의 제의를 받아 차이옌밍이 경영하는 회사에 출자하고 기술을 지도했다. 그 결과 차이엔밍의 회사는 대만을 대표하는 종합 식품 제조사로 성장했다. 이 회사가 바로 이와쓰카 제과를 지원하는 왕왕그룹이다. 한때 기술협력을 제공하던 대상에게 지금은 도리어 자금을 지원받게 되어 처지가 완전히 역전되었다.

이와쓰카 제과의 실력은 영업이익으로는 전혀 측정할 수 없지만, 왕왕그룹 덕분에 상장기업으로써 나름대로 번듯한 형태를 갖추고 있다. 그러나 이 수입원 때문에 회사 내에 태만한 분위기가 생겨날 가능성도 부정할 수 없다. 스스로 열심히 영업을 하지 않아도 매년 확실한 수익이 발생해서 그것만으로 임직원들을 먹여 살릴 수 있기 때문이다.

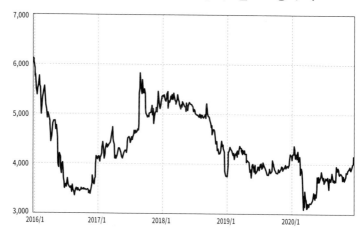

이와쓰카 제과 주식회사(2221) 식료품 도쿄증시 1부

(비고) 영업이익은 따로 언급할 만큼 크지 않으나, 출자를 해 주는 대만의 종합 식품 제조사의 배당금(경상이익)이 수익의 중심이다. 대만 제조사의 실적이 이와쓰카 제과의 실적을 그대로 좌우한다.

그러면 경상이익의 예를 개인에 빗대 보자. 주식 배당금을 받거나 부동산 투자로 임대료를 받는 사람들이 있을 것이다. 그런 돈은 안정된 수입에 속한다. 안정되어 있기 때문에 이 부수입을 본업으로 버는 돈과 합쳐서 매달 살림을 꾸려나갈 수 있다.

그렇다면 그 부수입도 합쳐서 그 사람의 수입이라고 간주할 수 있다. 기업의 경우도 완전히 같다.

5 '특별이익·특별손실'이란?

이제 곧 투자자에게 가장 중요한 세전이익을 살펴볼 것이다. 세전이익은 경상이익에서 특별이익·특별손실을 가감한 것이다.

특별이익·특별손실은 항상 발생하지는 않으므로 특별이익이라는 분류로 손익계산서에 계상한다. 계산이 주먹구구식이라면 투자자는 수입이 안정적인지 일시적인지 알 수 없다. 그렇게 되면 분석을 통해 투자할 수 없다. 그러므로 일부러 올해에만 발생한 특별한 이익을 따로 구분해서 공표하도록 되어 있다.

그렇다면 무엇이 특별이익·특별손실에 해당할까? **장기간 보유하던 주식을 매각해서 얻은 이익**, 유휴지를 매각해서 얻은 이익 등이 해당된다. 이러한 이익은 매년 안정적으로 계상할 수 있는 이익이 아니다. 그렇기에 특별이익인 것이다. 또 이익의 구분은 절대적이지는 않으며 어디까지나 본업과의 관계에 달려 있음을 기억해 두는 것이 좋다.

특별손실은 자연재해로 공장이 무너진 경우, 보유하고 있던 주식이 크게 하락한 경우 등이다. 이러한 손실도 돌발적이며 매년 발생하지 않는다.

이것을 가계에 빗대어 생각하면 특별이익은 보유하고 있던 주택의 매각, 자동차의 매각에 해당할 것이다. 특별손실은 교통사고로 인한 자동차 수리비 등에 해당될 것이다. 갑자기 병이 나서 입원하는 경우도 특별손실이 발생하는 것이다.

6 '세전이익'이란?

세전이익을 기준으로 해서 정부(국가와 지방자치단체)가 **세금**이라는 형태로 기업에서 돈을 가져간다. 그래서 세무서가 중요하게 생각하는 것이 이 세전이익이다. 세율은 모두 세법으로 정해져 있으므로 세전이익이 발생하면 기계적으로 납세액이 결정된다. 직장인 급여의 경우도 수입이 결정되면 자동으로 납세액이 결정된다.

이것을 가계에 적용해서 생각하면 세금, 연금, 건강보험료 등 원천징수로 빠져나가는 금액에 해당한다. 직장인은 이러한 비용이 미리 제외된 돈을 받는다. 스스로 지불하기 전에 국가와 지자체에 많은 돈을 지불하는 것이다.

7 '당기순이익(주당순이익)'이 배당의 원금이다

드디어 투자자들이 신경 쓰는 이익이 등장했다. 바로 **'당기순이**

익'이다. 투자자가 배당으로 가져갈 수 있는 이익은 세금을 지불한 뒤의 이익이다.

여기까지 오는 동안 매입처, 임직원, 은행, 정부가 돈을 가져가고 마지막으로 남은 것이 당기순이익이다. 이 수익을 발행 주식수로 나누면 **'주당순이익'**이 된다.

중간 과정이 어떻든 투자자는 투자한 돈이 얼마나 불어나는지가 가장 큰 관심사다.

그러나 당기순이익을 모두 배당 원금으로 지불할 수는 없다. 회사가 지불하는 것은 배당성향뿐이다. 예를 들어 당기순이익이 1억 엔이고 배당성향이 30%라면 3,000만 엔이 배당되고 나머지 7,000만 엔은 사내유보금이 된다.

잘못 알고 있는 사람이 많지만 사내유보금은 반드시 현금은 아니다. 현금이 아닌 형태로 투자되는 경우가 대부분이다.

가계에 빗대 설명하면 이 돈이야말로 매달 남는 돈, 저금할 수 있는 돈이다. 투자로 돈을 불린다는 것은 필자에게는 영업이익인 급여에 경상이익인 배당금, 대주, 주주 우대를 쌓아 올린다는 이미지다. 주식을 매각해 얻는 이익은 특별이익이다.

경상이익, 다시 말해 부수입이 늘면 생활이 훨씬 편해진다. 비가 오나 눈이 오나 기업이 나를 위해 일하고, 그 돈의 일부가 입금되는 것이다. 다만 목표 금액에 다다를 때까지는 계속 재투자해야 한다. 염불을 외듯 '재투자, 재투자, 재투자'라고 스스로를 일깨우자.

⑧ 이익의 관계

여기서는 결산에 등장하는 다섯 가지 이익의 관계를 그림으로 정리했다. **매출 총이익에서 판매관리비(인건비와 광고비 등)를 뺀 것이 영업이익**이다. 표에서는 경상이익과 세전이익이 조금씩 감소하는 듯 보인다.

그러나 설명을 위해 그렇게 가정했을 뿐 실제로는 이와쓰카 제과와 같이 경상이익이 많은 경우도 있다. 또 가상화폐 열풍으로 큰돈을 번 기업은 특별이익이 경상이익보다 커지게 된다.

세전이익의 시점에서 흑자라면 거기서 이익이 도출되므로 일반적으로 당기순이익은 그 70% 정도의 수준이 된다.

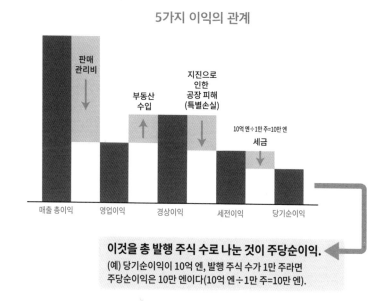

5가지 이익의 관계

이것을 총 발행 주식 수로 나눈 것이 주당순이익.
(예) 당기순이익이 10억 엔, 발행 주식 수가 1만 주라면 주당순이익은 10만 엔이다(10억 엔÷1만 주=10만 엔).

물론 세금의 세계에는 항상 예외가 많으므로 적자를 이월한 경우라면 달라질 수도 있다. 그러나 매년 이익을 계상하는 회사는 기본적으로 당기순이익이 세전이익보다 적다고 생각하면 된다. 우리가 투자하고자 하는 기업은 기본적으로 매출과 이익이 계속 증가하는 기업이므로 예외는 생각하지 않아도 좋다.

'대차대조표'에서 봐야 할 부분

다음으로 대차대조표를 살펴보자. 대차대조표는 현재의 자산 상황을 나타낸다. 자산은 회사의 향후 이익 창출에 공헌한다.

대차대조표의 왼쪽에 있는 것이 소위 '자산'이다. 가계에 빗대어 말하면 **예금, 주식, 채권**이라는 유동성 높은 자산에 더해, 그보다 유동성이 조금 낮은 **주택, 자동차, 고급 시계, 가구, 가전제품** 등도 포함된다. 이렇게 말하면 자신의 자산이라는 느낌이 확실히 오지 않는가?

다음으로는 부채가 있다. 부채는 빚이다. **주택융자, 자동차 할부금, 소비자대출** 등이 포함된다.

마지막으로 순자산이 있다. 순자산은 자산에서 부채를 뺀 금액으로 간주한다. 예를 들어 자산이 1,000만 엔이고 빚이 500만 엔이라면 이 시점에서 순자산은 500만 엔이다.

주택융자로 집을 구입하면 매달 융자를 상환하게 되는데, 그렇게 하면 오른쪽의 부채가 점점 줄어들면서 재무제표가 건전해진다. 물론 왼쪽의 자산인 주택의 가치가 유지될 경우의 이야기다.

은행의 입장에서 보면 물론 기업이 돈을 많이 버는 것이 좋지만, 그보다도 문제없이 대출을 상환하는 것이 중요하다.

한편 투자자는 **손익계산서를 더 중시**한다. 이익을 얼마나 올리고 있는지 보여주기 때문이다.

적자가 계속되던 회사가 흑자로 돌아섰을 때의 주가 변동을 보면 알 수 있다. 적자가 계속되고 있었으므로 대차대조표는 약간의 흑자만 가지고는 극적으로 개선되지 않는다. 빚이 많고 주주 자본이 적은 상태다. 손익계산서가 흑자가 됨으로써 향후에 대한 기대가 높아졌기 때문에 주가가 변동했다고 볼 수 있다.

고정자산은 **유형고정자산, 무형고정자산, 투자, 기타**로 나뉜다. 유형고정자산은 토지, 건물, 자동차 등이므로 이해하기 쉽다. 무형고정자산은 **특허권, 상표권, 소프트웨어, 신용** 등이다.

다만 대차대조표가 모든 자산을 나타내지는 않는다. 특히 눈에 보이지 않는 브랜드의 강점은 대차대조표를 아무리 들여다봐도, 그보다 더 상세한 유가증권 보고서를 들여다봐도 알 수 없다. 직원들의 숙련도 대차대조표에 반영되지 않는다. 매년 배용으로 계산되어 자산으로 남지 않는 듯 보이지만, 사실은 보이지 않는 형태로 사내에 축적되고 있다.

필자도 지금 직장에서 10년째 근무 중인데, 경험의 축적 덕분에 1년차일 때보다 지금 회사에 더 많이 공헌하고 있다. 근무 기간이 긴 직원들의 존재는 회사에 유익하다. 충분히 경험을 쌓은 직원들이 많다는 것도 회사의 자산이다.

다시 말해 인적자산은 대차대조표에 나타나지 않는다. 산업의 중심이 정보통신업과 서비스업으로 이동 중인 현재 제조업, 도매업, 소매업을 염두에 두고 만들어진 회계 제도에는 그러한 한계가 있음을 기억해 두자.

실제 기업의 재무제표를 살펴보자

이제 실제 기업의 손익계산서를 구체적으로 살펴보자.

156페이지의 표는 Hamee(3134)의 결산 설명 자료에서 발췌한 2020년 제2사분기 결산(2020년 10월 말) 손익계산서다. (*일본의 회계연도는 4월에 시작하므로 제2사분기는 7~9월임)

매출은 전년도 제2사분기 결산(2019년 10월 말)보다 늘었고 영업이익과 경상이익도 함께 늘었음을 알 수 있다.

매출이 56억 엔이고 영업이익이 9억 9천만 엔이므로 영업이익률은 9.9÷56≒약 18%다. 매출 중 18%가 영업이익이라면 기업으로서 아주 훌륭하다.

또 경상이익이 9억 6천만 엔으로 영업이익과 거의 같은 수준이다. 영업이익과 경상이익이 거의 같은 기업은 본업에 특화된 경향이 있다. 법인세를 뺀 사분기 순이익은 6억 7천만 엔 정도다. 당기순이익(1년)을 총 발행 주식 수로 나눈 것이 주당순이익이다. 여기서는 6개월분(4월~10월) 결산을 발표했으므로 사분기 순이익이라고 표현하겠다. 6개월분의 순이익이라는 뜻이다. (*일본에서 사분기 순이익은 한 분기의 순이익을 뜻하는 경우도 있고, 회계연도가 시작하고 나서 그 분기까지의 순이익을 뜻하는 경우도 있다. 이 경우는 후자에 해당한다.)

Hamee는 6개월분의 주당순이익이 42.54엔을 달성했으므로 단순히 1년간의 순이익(당기순이익)은 85엔 정도일 것이다. 그러나 2020년 12월 14일에 공표한 결산 단신에 따르면 2021년 4월기의 예상은 당기순이익 12억 6천만 엔, 주당순이익은 79.84엔이었다. 사장이 이익 액수를 매년 늘려 나가는 유형이므로 상향조정할 가능성이 높지 않을까 싶다.

다만 최종적인 이익은 투자를 얼마나 할 것이냐에 따라서도 달라진다. 이익이 원래 예측보다 많을 듯하다면 이익을 다시 투자하기로 판단할 가능성도 있다. 예를 들어 경영자가 이번 분기에 IT 엔지니어를 추가 채용하고자 한다면 그만큼 인건비가 늘어나므로 이번 분기의 이익을 압박하는 요인이 되지만, 장기적으로 보면 우수한 엔지니어가 사내에 있다는 것은 이익 창출의 요인이 된다.

Hamee(3134)의 손익계산서 단위: 백만 엔

	2020/4월기		2021/4월기			
		매출비		증감	전년 대비 같은 분기 증감률	매출비
매출	5,413	100.0%	5,621	208	3.8%	100.0%
매출 총이익	2,952	54.5%	3,466	513	17.4%	61.7%
영업이익	842	15.6%	992	149	17.8%	17.7%
경상이익	877	16.2%	968	91	10.4%	17.2%
모회사 주주에 귀속되는 사분기 순이익	602	11.1%	671	69	11.5%	12.0%
주당 사분기 순이익	38.02		42.54			

영업이익 992 (전년 같은 분기 대비 +149)		
매출 총이익	+513	수입 증가 효과
판매관리비	+365	
인건비	+178	한국 자회사의 제조 사업 양수, 신규 사업 개시 등
교통비	△24	출장 기회의 감소
지불 수수료	+95	소매 증가
물류비	+20	소매 증가
무형자산 상각	+52	한국 연결 자회사의 제조 사업 양수 등

영업 외 손익 △24 특별 손익 △4			
영업 외 손익		특별 손익	
환율 차이 손실	△17	투자 유가증권 매각 이익	+4
지불 이자	△5	투자 유가증권 매각 이익	△10

회사는 이익을 축적하면서 그중 얼마를 투자할지 생각한다. 그 결과로 주당순이익은 원래 예측대로 79.84엔에 그칠지 모른다. 다만 지금까지의 경향을 보면 상향조정이 있지 않을까 하는 생각이 든다. 같은 종목의 결산을 여러 번 관찰하다 보면 이러한 경향도 점차 알게 된다.

6개월 전의 시점에서 보면 이번 분기의 예상은 경영진의 목표에 불과하지만, 그것이 실제 이익이 되면 예상의 정확도가 높아진다.

정확도가 높아지면 주가는 있어야 할 자리를 향해 움직인다.

다음으로 대차대조표를 보자(다음 페이지). 이것도 Hamee의 결산 설명 자료에서 발췌한 것이다.

대차대조표의 오른쪽은 자금을 어떻게 조달했는지 나타낸다. 부채는 타인의 돈(은행 대출, 회사채, 미납금, 미납 법인세 등)이다. 순자산은 주주가 낸 돈(자본금, 자본잉여금 등)과 지금까지 기업이 경영 활동을 통해 축적해 온 금액(이익잉여금)의 합계다.

앞에서 본업으로 순이익이 발생했다는 이야기를 했다. 이것은 가계에 빗대 이야기하면 저금을 할 수 있다는 것과 마찬가지다. 그러므로 기업의 저금, 즉 이익잉여금이 그만큼 증가한 것이다. 당기순이익의 숫자와는 조금 다르지만 지금은 세부사항을 신경 쓰기보다 관계를 이해하는 것으로 충분하다.

직장인의 사고방식으로는 빚은 나쁜 것이며 자기자본이 많을수록 좋다고 생각하기 쉽다. 그러나 상장기업 정도의 수준이 되면 자본을 얼마나 저렴한 비용으로 조달하고 얼마나 수익률을 높일지가 중요하다.

이해하기 쉽게 말하면 수익 부동산을 매입하기 위해 자금을 금리 1%로 빌리고 거기서 임대료 5%를 창출하는 것과 똑같다.

돈을 빌리는 것이 아니라 1%의 금리로 사 온다는 느낌이다. 여기까지 읽고 이해했다면 감각이 있는 것이다. 그렇다. 상장기업은

유동자산	6,832	(+573)
현금 및 예금	3,362	(△90)
수취 어음 및 외상 매출금	1,828	(+598)
상품	1,012	(△42)
기타	624	(+101)

유동자산	3,112	(△33)
외상 매출금	145	(△20)
단기 차입금	1,611	(+11)
미납금	645	(△15)

고정자산	1,850	(+12)
유형고정자산	617	(+48)
무형고정자산	638	(△123)
투자 및 기타	595	(+88)

고정부채	119	(△6)
장기 차입금	67	(△24)

순자산	5,451	(+626)
이익잉여금	4,728	(+561)

돈을 사 와서 그보다 더 높은 수익률로 운용하는 것이다. 돈이 벌리는 비즈니스 모델을 갈고 닦아 더 많은 고객에게 더 많은 가치를 제공함으로써 수익률을 높이는 한편, 성장하면 할수록 조달 비용이 저렴해져 편해지는 것이다.

원래 이야기로 돌아가자. 오른쪽에서 조달한 돈을 왼쪽에서 쓴다. 현금이 33억 6천만 엔, 수취 어음 및 외상 매출금이 18억 2천만 엔, 상품이 10억 1천만 엔이다. 사내유보금은 현금으로만 보유하는 것이 아니라 다음 분기 이후의 이익을 위해 다른 형태로 활용한다. 현금도 물론 있지만 상품과 채권(수취 어음, 외상 매출금)의 형태도 있다.

성장주의 경우는 당기순이익이 계속 증가하는 것이 투자의 전제 조건이므로, 이익이 발생하고 있고 분식회계가 없다면 기본적으로 회사의 재무 체질이 튼튼하다고 생각할 수 있다. 즉 **투자 판단이라는 의미에서 손익계산서와 비교하면 대차대조표의 중요도는 낮다**.

재무 분석은 매우 심오한 분야인데 이 정도의 분석으로 충분할지 의문을 가지는 사람도 있을 것이다. 그러나 회계 전문가가 아닌 우리는 그 정도의 정보만 파악해 두면 된다. 매출과 이익의 증가가 투자의 근거인 한, 이 정도로 충분하다는 것이 필자의 생각이다. 그 후에는 손익 상황에 따라 포트폴리오를 조정해서 대응하는 것이 중요하다.

제7장
성장주 포트폴리오를 짜 보자

성장주를 5~10종목 정도로 분산한다

투자를 할 때는 어느 정도 집중해서 투자할 필요가 있다. 개별 종목에 투자한다 해도 과도하게 분산하면 투자신탁에 투자하는 것과 그다지 차이가 없다. 100종목씩 보유하고 있으면 관리에 수고가 든다.

개별주 투자에 도전하는 것은 **시장 지표보다 높은 투자 성적을 올리기 위해서**다. 개별주 투자를 통해 다양한 것을 배울 수 있지만, 그보다도 수익을 얻는 일이 우선이다.

그러면 종목 수는 어느 정도여야 좋을까? 필자는 **주력 종목을 10개 정도** 결정하고 그때그때 조금씩 바꾸고 있다.

이 정도로 분산하면, 잘하면 연 수익률 20% 정도까지도 간다. (다만 연간 100%를 넘는 성과는 어렵다.)

남들보다 훨씬 높은 성과를 내기 위해서는 2~3종목에 집중해 투자할 필요가 있다. 이렇게 범위를 좁혀 장기 투자하면 큰돈을 벌 가능성도 있지만 주가가 폭락했을 때 타격이 커서 재기에 시간이 걸리게 된다.

물론 조사에 조사를 거듭해서 투자 대상을 결정하지만, 그래도 예기치 못한 사태에 말려들어 주가가 폭락하는 경우도 생각할 수 있다. 투자 후보 기업에 대해 아무리 조사해도 결국 단편적인 정보를 가지고 앞으로 일어날 일을 추측하는 데에 불과하다.

두 종목이라면 단순히 포트폴리오를 절반씩, 세 종목이라면 33%씩 차지하게 되므로 가령 그중 한 기업의 주식 가치가 0이 된다면 손실이 막대하다. 예전 리먼사태 때 큰 손해를 본 필자처럼 다시 일어서는 데에 상당한 노력이 필요하다.

B급 투자자는 **기민하게 테마를 읽어내서 투자 종목을 계속 바꾸지 않아도 괜찮다.** 실적이 뒷받침되면 언젠가 스포트라이트를 받을 때가 오므로, 그때를 기다리기만 해도 된다.

매매 타이밍을 분산하자

같은 종목이라도 종목의 매수 및 매도를 분할해서 투자하자.

우선 매수할 때는 한 번에 몰아서 사지 않고, **PER의 과거 기준을 참고해서 고평가가 심하지 않은 수준에서 매수**한다.

주가는 단기적으로 어떻게 움직일지 모르므로 1개월이나 2개월 간격으로 매수 타이밍을 분산하며 사들이면 평균적인 가격으로 매수할 수 있다. 가령 1,000주를 구입한다면 200주씩 다섯 번에 걸쳐 구입하는 것이다.

쉬워 보이지만 이러한 분할매매를 하지 못하는 사람이 대부분이다. 매수 타이밍은 지나치게 이르거나 늦어 보일 수 있다. 필자는 시간 간격을 두고 평균 가격에 구입할 수 있으면 된다는 태도

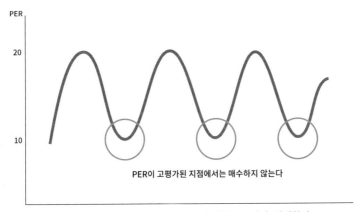

PER이 고평가된 지점에서 매수하지 않는다

PER이 고평가된 지점에서는 매수하지 않는다

절대적인 수준보다 그 종목의 과거 PER 추이를 보고 난 후 결정한다

로 매매하기 위해 노력한다.

분할 매매를 해보면 알게 되겠지만 분할 매매는 심리적으로 편안하다. 저평가되면 매수할 기회라고 생각할 수 있고, 고평가되면 가치가 상승하는 것이므로 추가 매수해도 좋다. 같은 매매라도 심리적인 부담이 줄어든다. 이처럼 **내려갈 때나 올라갈 때나 대응할 수 있는 상태에서 확실하게 포지션을 축적해 나가는 것**이 성장주 투자를 통한 장기적인 자산 형성에서는 중요하다.

그래도 방심하면 연속해서 사들이고 싶어진다. 필자도 코로나 쇼크 때 매수 속도를 지나치게 높이는 바람에 저평가되었을 때 매수하지 못했다. 매매하기 전에 어떻게 매매할지 미리 생각해 두는 일이 중요하다.

매도할 때에도 마찬가지로 분할 매매를 전제로 한다. 시간 간격을 조금 두고 분할 매도로 대응한다.

그러면 매도 타이밍은 어떻게 결정해야 할까? 매도는 매수보다 어렵지만 스스로 판단 기준 몇 가지를 만들어 두면 망설임이 적어진다.

우선 전제 조건이 달라지면 매도한다. 실적이 향상될 줄 알고 샀는데 매출이 더 이상 상승하지 않고 다음 수익 원천도 보이지 않는 상황이라면, 모두 팔아 버리는 일을 고려하는 것이 좋다.

주식회사 에어트리(6191) 서비스업 도쿄증시 1부

(비고) 코로나바이러스 감염 확산과 함께 여행업계 자체가 완전히 침체되었다. 처음에는 곧 종식될 것이라는 기대에서 계속 보유했지만, 7월 말의 코로나 확산을 계기로 당분간 실적의 회복이 어렵겠다고 판단해 손절하고 철수했다.

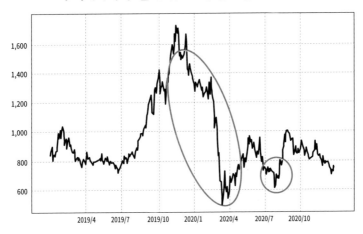

주식회사 쿠푸 컴퍼니(4399) 정보·통신 마더스

(비고) 코로나바이러스 감염 확산과 함께 이 회사의 주력 사업이던 결혼피로연의 수요가 크게 감소했다. 한때 하락 국면에서 적극적으로 매수했지만 당분간 수요가 회복되지 않을 것이라고 판단해서 손절하고 철수했다.

더 좋은 종목이 나오면 그 종목을 포트폴리오에 넣기 위해 원래 가지고 있던 종목의 매도를 검토한다. 지나치게 고평가된 종목, 명백히 거품이 끼어 지나치게 비싸진 종목의 매도 주문을 넣는다. 특히 **재료주(주가에 좋은 영향을 주는 일이 있는 주식)가 되어 순풍이 불고 있을 때는 주의해야** 한다. 일시적으로 잘 나가면 거기에 편승하고 싶어지지만, 어떤 순풍이든 반드시 끝나는 때가 온다.

월드컵, 세계선수권, 올림픽 때 국내에서 그다지 인기가 없던 종목에서 자국 선수가 활약하면 그 종목과 선수가 화제가 되고 일시적으로 관객이 몰리는 일이 있다. 컬링 등은 올림픽 때 화제가 되어 한때 붐이 일었지만, 그 당시의 열기가 다시 돌아오는 일은 당분간 없을 것이다. 주식투자에서 지금 화제인 주식에 투자하는 일은 스포츠 종목의 반짝 팬이 되는 것과 똑같다.

RIZAP(2928), 페퍼푸드서비스(3053)가 좋은 예라고 할 수 있다.

손절할 줄 아는 사람이 최후에 승리한다

주식투자의 고수와 하수를 구분하는 방법이 있다. **증권 계좌에 가치 상승으로 인한 잠재적 이익이 많은 사람은 고수, 가치 하락으로 인한 잠재적 손실이 많은 사람은 하수**다. 하수인 것이 문제는 아니다. 인간의 본능을 따라 투자하다 보면 가치가 하락하는 종목만 보유하게 되므로, 의식적으로 이익을 늘리는 일이 중요하다.

한동안 주가가 회복될 전망이 없는 종목을 끌어안고 있다 보면 정신건강에도 좋지 않다. 증권 계좌를 보면 마이너스 표시만 있어서 주식투자가 즐겁지 않은 일이 되고 만다. 또 잠재적인 손실을 끌어안고 있는 일이 당연해져서 심층 심리에 점점 각인된다.

플러스인 종목은 남기고 마이너스인 종목부터 먼저 처분하자. 이 일을 계속하면 플러스 종목을 점점 늘릴 수 있다. 서두에서 소개한 필자의 포트폴리오(19페이지)의 경우는 옵터런(6235)을 처분하고 이익이 발생하는 라쿠스(3923)와 가카쿠콤(2371) 등으로 갈아탈 차례다.

투자가 서툰 사람은 이익이 조금 발생한 단계에서 그 종목의 이익을 확정하고, 손실을 입은 종목은 그 손실이 해소될 때까지 묵혀 둔다. 그러다가 주식투자를 도중에 그만두고 만다.

지금 설명하는 방법의 이점은 **차트를 보지 않아도 손절이 가능하다**는 것이다. 똑같이 판단해서 투자한 종목이라도 그중에는 오르는 종목도 있고 오르지 않는 종목도 있다. 우리는 B급 투자자이니 오르지 않는 종목을 붙잡는 일도 당연히 있다. 오르지 않으면 순순히 패배를 인정하고 오르는 종목으로 갈아타자.

처음에는 손실이 발생한 후로 묵혀 두고 있는 종목만이 포트폴리오에 가득해도 어쩔 수 없지만, 점차 플러스 종목을 남기도록 하자. 이렇게 하는 능력은 훈련으로 기를 수 있다.

성장주는 공격, 배당주는 수비

필자는 사실 성장주에만 집중해서 투자하지는 않는다. 성장주에 온 힘을 다해 투자하면, 잘 풀렸을 때는 커다란 성과를 얻을 수 있지만 실패했을 때는 자산이 크게 감소하기 때문이다.

단기간 동안 자산을 크게 불리고 싶다면 어느 시점에서 과감하게 투자할 수밖에 없지만, 필자는 그 후로는 속도를 조금 낮추고 안정적으로 운용하고자 하고 있다.

구체적으로는 성장주로 큰 캐피털 게인을 노리는 한편으로 배당주에서 얻을 수 있는 배당금, 급여, 대주 등의 수입으로 **신규 투자가 가능할 만큼의 현금을 만들 수 있는 체제를 구축**하는 것이다.

필자도 예전에는 성장주에 주로 투자했다. 자산 규모가 크지 않아 배당금이 그다지 많지 않았고, 리스크를 감수해야 할 국면이라고 생각했기 때문이다. 그러나 지금의 자산 규모가 되자 배당금도 쏠쏠해졌고, 과도한 리스크를 부담하지 않고 자산을 늘리고 싶다는 생각이 들었다.

성장주는 5~10종목에 집중해야 한다고 앞에서 말했는데, 배당주는 반드시 그렇지는 않다. 왜냐하면 주주 우대가 적용되는 것은 최저 단위를 보유하는 경우이기 때문이다. 즉 100주를 보유하나 1,000주를 보유하나 마찬가지로 주주 우대를 받을 수 있는 경우가 많다.

물론 주식 보유량에 따라 서비스가 달라지는 부분도 있지만, **주주 우대는 100주를 보유하고 받는 것이 기본적으로 가장 효율이 좋다.**

2,000만 엔을 만들고자 한다면 어딘가에서 승부를 봐야 한다. 그래서 처음에는 성장주 투자를 중심으로 포트폴리오를 짜고 5~10종목에 투자하다가, 궤도에 오르기 시작하면 배당주를 포트폴리오에 넣어서 조금씩 안정성을 높인다. 그때 성장주는 집중 투자, 배당주는 분산 투자를 명심하자.

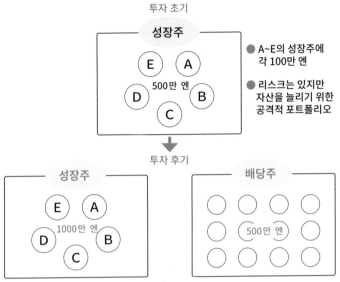

포트폴리오의 구성을 바꾼다

투자 초기

성장주

E A

500만 엔

D B

C

● A~E의 성장주에 각 100만 엔

● 리스크는 있지만 자산을 늘리기 위한 공격적 포트폴리오

투자 후기

성장주

E A

1000만 엔

D B

C

배당주

500만 엔

● A~E의 성장주에 각 200만 엔, 합계 1,000만 엔을 투자
● 나머지 500만 엔은 배당주로 안정되게 수익을 올리면서 주주 우대도 받는다.

성장주로써는 권장하지 않는 주식의 특징

마지막으로 포트폴리오에 넣을 성장주를 찾을 때 구체적으로 어떤 종목에 대한 투자를 피해야 하는지 열거해 보겠다.

물론 그러한 종목에 투자하는 일 자체가 나쁘다는 뜻은 아니다. 오히려 단기 투자에는 적합한 종목도 많다. 장기 투자는 기업의 성장에 올라타는 투자 방법이다. 그러므로 실적이 안정되지 않은 종목, 또는 지나치게 안정되어 있어서 성장하지 않는 종목은 투자하는 묘미가 적다고 판단한다.

❶ 인프라와 관련된 종목(가스, 전력, 철도, 항공사 등)

인프라 관련 종목의 특징은 이용 요금이나 운임이 **법률로 정해져 있다**는 것이다.

일본의 경우 수도는 공영이고 가스, 전기, 철도는 민간 기업이 담당한다. 이러한 업계는 영업 영역이 법률로 정해져 있고 서비스 제공 가격도 국가의 허가를 받아야 한다. 그러므로 자유경쟁이 아니라 국가가 타당하다고 판단하는 가격을 결정한다.

그렇다면 앞으로 판매 가격을 아무리 올려도 가스 요금이 갑자기 두 배가 되거나 철도 요금이 두 배가 되는 일은 없을 것이다. 시장이 국내에 있으므로 수입이 어느 정도 결정되어 있고 이익 수준도 저절로 결정되어 있다.

위로든 아래로든 움직이지 않는 것이다. 당연한 이야기다. 매일 반드시 사용해야 하므로 경기가 아무리 나빠져도 이용량이 변하지 않는다.

항공사는 다이내믹 프라이싱(성수기와 비성수기의 판매 가격이 크게 다른 것)을 도입하고 있지만, 그렇다고 해도 안전에 관한 각종 규제를 지키면서 각 회사가 경쟁하고 있다. 비행 거리에 따라 도입하는 기자재(비행기)가 정해지므로 그 부분에서도 차별화가 불가능하다. 규제가 많은 업계이기 때문에 필자는 인프라 관련 종목으로 인식한다.

❷ 휴대전화 관련 종목

휴대전화는 사용의 우선순위가 높기 때문에 지출을 줄일 일이 있어도 마지막까지 줄일 수 없는 지출에 포함될 것이다.

요즘에는 지하철 의자 한 줄에 앉아 있는 모든 사람이 스마트폰을 하고 있는 광경도 점점 많이 보인다.

이렇게 중요한 물건의 이용 요금이 좀처럼 줄지 않는 것도 당연하다. (일본 정부는 휴대전화 요금의 인하를 단행하고 있지만) 가장 많은 시간을 소비하는 대상이 스마트폰이기 때문이다. 이러한 인프라 계열의 종목은 **주가 변동이 적으므로 배당금을 노리기 위한 종목**이다. 2~3%의 안정된 배당금을 원하는 사람이라면 어느 정도 포트폴리오에 포함시켜도 좋은 종목군이다.

❸ 바이오 관련 종목

바이오에 문외한인 투자자라면 바이오 관련 벤처는 솔직히 도박이다. 신약 개발은 제품화에 성공할 가능성이 그야말로 1,000분의 1인 분야이므로 무엇이 성공하고 무엇이 실패할지 알 수 없다.

신약 개발에는 막대한 비용이 필요하며, **제품화할 때까지 매년 대량의 비용이 투입되어 적자가 이어지는 것**이 일반적이다.

그렇다면 눈앞의 실적만 보고 매수할 수는 없다. 기대감에 레버리지 효과가 걸려 주가가 요동친다. 기대감이 높아지면 주가가 급등하고, 기대가 낮아지면 단숨에 급락한다. 한때의 산바이오(4592)가 전형적인 예다.

이러한 주식이라도 잘 다룰 수 있는 사람이라면 반드시 투자를 피할 필요는 없다. 단기 투자라면 오히려 변동률이 다소 높은 종목이 좋다.

다만 이러한 종목으로 일확천금을 노려 신용거래를 하는 일은 자살행위라고 할 수밖에 없다. 주가의 실태를 반영하는 실적이 뒷받침되지 않으므로, 안정되는 지점에 다다를 때까지 주가는 급격히 오르내린다. 이러한 종목을 신용거래해도 좋은 것은 데이트레이드의 경우뿐이다.

❹ 게임 관련 종목

게임 관련 종목은 잘 찾아내면 짭짤하지만 필자는 게임을 하지 않기 때문에 솔직히 잘 모른다. 앞에서도 말했지만 지하철에서 다들 열심히 스마트폰 게임을 하는 세상이니, 그중 대박이 나는 게임이 있으면 그 회사의 주가가 상승하는 것은 당연하다.

소셜 네트워크 게임이나 스마트폰 게임 중 히트작이 나오면 회사에 어마어마한 이익이 돌아간다. 개발에 드는 비용은 일정하므로(대개 인건비) 손익분기점을 넘으면 이익이 폭발적으로 상승한다. 서비스 자체의 비용은 거의 들지 않으므로 유행하기 시작하면 단숨에 이익이 증가한다.

다만 대박 게임을 개발하지 못하면 주가는 언제까지고 오르지 않는다. 어느 게임이 인기를 끌지 처음에 감지하는 사람은 다른 누구도 아닌 유저들이다. 그 인기가 **재무제표에 반영될 때쯤에는**

이미 주가에도 그만큼 반영되어 있다. 게다가 유행이 빠르게 시드는 것도 게임업계의 특징이다. 철수할 타이밍을 재빠르게 결정하지 않으면 호되게 당하게 된다.

❺ 근로자 파견 관련 종목

근로자 파견업계는 원가가 인건비뿐이다. 그 때문에 이익률이 높은 경향이 있어서 언뜻 보기에는 성장주와 같이 보인다. 그러나 이 업계는 **인력 공급량의 조정을 받아내는 역할**을 한다. 당장은 인력 부족이 계속되고 있으므로 파견업계가 계속 성장하고 있음은 틀림없을 것이다.

다만 경기가 침체되면 인력을 채용하려는 움직임이 순식간에 둔화하고 파견업계는 일시적으로 축소될 것으로 예상된다. 그 축소는 기세가 다소 누그러지는 정도가 아니다. 인력 공급의 조정이 순식간에 이루어지고 기업들은 수비적인 자세를 굳힐 것이므로 파견에 대한 수요는 급감할 것이다. 파견업체들은 이러한 리스크를 내포하고 있음을 잘 생각해 둬야 한다.

❻ 신흥 원룸형 아파트 개발 관련 종목

원룸형 아파트를 다수 건축하는 신흥 부동산업체들의 주식도 그다지 추천하지 않는다.

초저금리 시대인 지금, 부동산 구입을 위한 조정금리가 낮아졌다. 신축 원룸형 아파트는 영업만 잘하면 실수요자들이 비싼 값에 구입하므로 판매하는 측은 확실하게 돈을 번다. 그러나 땅을 사고 건물을 지어서 판매하기까지 재고를 끌어안고 있어야 한다.

그러다가 불황이 오거나 금리가 반등하면 어떻게 될까? 우선 불황이 오면 부동산 가격은 하락하므로, **구입해서 재고로 보유하고 있던 부동산을 원래 의도한 가격대로 팔 수 없게 되어 수익률이 악화**한다. 게다가 금리가 오르면 조정금리가 높아지므로 수익을 압박하기 시작한다.

아직은 표면화하지 않았지만 이러한 리스크가 항상 있으므로, 신흥 개발업체는 당장의 수익과 배당이 좋아도 주가가 오르지 않고 배당 수익률이 높게 유지되는 것이다.

근로자 파견업체와 신흥 부동산의 공통점 한 가지는 불황이 한창일 때 매수하도록 권하고 싶다는 것이다. 가치가 10분의 1이 된 상태일지도 모르지만 그럴 때 과감하게 구입하면 큰 보상을 얻을 가능성이 있다.

다시 한번 말하지만 성장주라는 범주 내에서 구입하지 않는 것이 좋다는 이야기이므로 단기 투자에도 해당된다는 보장은 없다.

❼ 파칭코 관련 종목

파칭코 기계 제조업체에 대한 투자도 그다지 추천하지 않는다. 주가가 상승하기 위해서는 기관투자자가 계속 매수할 필요가 있는데, 기관투자자들은 투자신탁이든 보험회사든 **준법이라는 관점에서 볼 때 파칭코 업계의 주식을 포트폴리오에 넣기 어렵다.**

사업의 관점에서 볼 때도 파칭코는 개별 기업의 노력보다는 정부의 방침에 크게 좌우된다. 기업이 통제할 수 없는 부분이 크다고 할 수 있다.

　그러므로 당장 수익성은 높아도 불확실한 요인이 많고, 또 프로들이 매수하지 않기 때문에 기본적으로 주가가 그다지 오르지 않는다. 성장주에 투자할 때 이 업계에 대한 투자는 다시 생각하는 것이 현명하다.

제8장

'오늘'부터 가능한
B급 투자자의 길

하나의 종목을 철저히 연구한다

마지막 장에서는 독자 여러분이 B급 투자자가 되기 위해 **오늘부터 할 수 있는 일**을 설명하겠다.

우선 아직 실제로 주식을 사지 않았다면 주식을 사는 일부터 시작하기 바란다. 그 후 투자와 병행하며 본격적으로 공부를 시작하면 투자자로서 실력이 더욱 높아진다.

공부를 철저히 하고 나서 주식을 사겠다고 말하는 사람들이 많은데, 순서가 뒤바뀐 것이다. 책, 증권거래소 웹사이트, 증권업협회 웹사이트 등에서 주식투자에 대한 대강의 지식을 배우고 나면 곧바로 투자하는 것이 좋다. **항상 실전에서 배우는 자세**가 중요하다.

다만 이 웹사이트들은 공적이고 틀림없는 정보를 제공하기는 하지만, 투자 전문가가 아닌 사람이 작성한 입바른 소리일 뿐이다. 최소한으로 알아둬야 할 내용, 그리고 투자를 하다가 궁금한 점이 생겼을 때 찾아보는 사전이라고 생각하자.

그러면 공부는 어떻게 해야 할까? 무엇보다 **자신의 경험, 실패 경험**이 가장 도움이 된다. 단기 거래에 열을 올리고, 주가가 두 배로 뛰어 기뻐하고, 하한가까지 떨어져서 혼비백산하는 경험을 실제로 해 보는 것이 투자자로서 성장하기 위한 중요한 단계다.

그리고 투자 경험이 어느 정도 쌓이면 **이번에는 마음에 드는 종**

목을 하나 골라 그 회사를 철저하게 연구해 보자. 반드시 그 회사의 투자 비율을 높일 필요는 없다. 회사가 제공하는 정보를 조사하고, 자신이 체험할 수 있는 서비스라면 체험해 보자. 실제로 서비스를 구입할 수 있는 B to C 회사가 좋을 수 있다.

이러한 방법을 권하는 이유는 상장회사 하나를 잘 알게 되면 투자 실력이 확실히 향상되기 때문이다. 추상적인 투자 이야기를 들어도 모두 구체적으로 이해할 수 있게 된다. 필자는 Hamee를 대상으로 그 방법을 실천했다.

예를 들어 결산에서 영업이익과 경상이익의 숫자를 들었을 때 그 숫자의 구체적인 의미가 머리에 들어오게 된다. 영업이익이란 본업으로 벌어들인 이익이라는 추상적인 표현이 아니라, **스마트폰 액세서리를 기획, 제조, 판매해서 얻은 이익과 넥스트엔진의 이용료에서 얻은 이익**이라고 구체적으로 이해할 수 있다.

거시경제 이야기를 들을 때는 미국의 경기가 나빠질 전망이라는 뉴스가 Hamee에 어떤 영향을 미칠지 생각하게 된다.

'스마트폰이 덜 팔리게 된다 → 스마트폰 케이스의 교체에 대한 수요가 줄어든다, 또는 인터넷 쇼핑으로 물건을 사는 사람이 적어져서 전자상거래업체의 설비투자 자금이 줄어들고 넥스트엔진을 신규 도입하는 속도가 느려진다 → Hamee의 매출이 감소한다'고 구체적으로 생각할 수 있는 것이다.

투자 용어를 배울 때에도 구체적으로 상한가란 Hamee의 주식이 2,000엔에서 2,500엔이 되었을 때라는 이미지가 떠오른다.

주가의 경향도 알게 되어 주가의 움직임이 눈에 보이게 되므로 투자의 타이밍을 판단하기 쉬워진다. Hamee의 경우는 '소형주이면서 2,000엔 전후(2021년 1월) 정도의 가격대에서 움직이므로 100엔, 200엔 정도는 쉽게 변동한다. 그러므로 대형주보다 시간과 가격 폭을 잘 살펴보며 투자하는 것이 좋다'고 생각할 수 있다.

매년 회사가 내놓는 실적 예상이 보수적인지 적극적인지도 알 수 있다. 숫자에 드러나지 않는 회사의 강점도 반복적인 조사를 통해 조금씩 알게 된다.

이처럼 하나의 종목을 속속들이 알게 되면 투자의 다양한 측면을 모두 구체적인 예를 통해 공부할 수 있다. 이후에 다른 종목을 알아볼 때에도 정보를 더 잘 탐색하게 된다. 'Hamee에서는 이랬지. 에니그모에서는 어떨까?' 하고 응용해서 이해할 수 있게 된다.

기업의 웹사이트를 본다

❶ 웹사이트는 회사의 자기소개

회사의 존재를 보여주는 방법은 다양하다. 현대 사회에서는 스마트폰 웹사이트로 자사를 어필하는 것이 효과적인 방법 중 하나다. 웹사이트에 올릴 수 있는 정보의 양에는 제한이 없어서 자사를 홍보하는 정보를 얼마든지 담을 수 있다.

코로나로 대면 소통이 줄어든 지금, 상장기업들은 예전보다도 더 웹사이트의 구축에 주력할 필요가 있다.

주주의 시선에서 투자의 판단에 도움이 되는 것은 법정 공시자료와 임의 공시자료다. 법정 공시자료란 금융증권거래법에 따라 금융청과 재무국에 제출해야 하는 자료, 그리고 도쿄증권거래소에 제출해야 하는 서류다.

법정 자료 중 기업이 가장 공을 들이는 것이 **'유가증권보고서'** 다. 연 1회 본 결산의 상황을 자세히 공시해야 한다. **'분기보고서'** 는 그보다 조금 양이 적은 보고서로 사분기마다 작성된다.

둘 다 법정 자료지만 유가증권보고서를 작성할 때는 감사법인 (감사 자격을 가진 공인회계사가 근무하는 법인)이 재무제표 전체에 중요한 허위 작성이 없음을 합리적으로 보증하기 위해 감사하는데, 분기보고서에서는 감사를 실시하지 않는다.

감사법인의 감사에 대해 모르는 독자도 있을 것이므로 간단하게 설명하겠다. 상장기업에서는 외부 감사법인이 정기적으로 회사 내부의 자료를 보고 결산이 적절히 작성되었는지 확인한다. 왜 이처럼 성악설을 전제로 한 제도가 생겨났느냐 하면, 옛날에 외부 감사를 받지 않고 마음대로 결산 서류를 꾸며내 투자자를 모음으로써 투자자들에게 큰 손해를 입힌 기업들이 있었기 때문이다.

법정 공개 서류에는 그 외에도 도쿄증권거래소가 상장기업에 의무적으로 작성하도록 요구하는 **'결산단신'**이 있다. 결산단신은 회사의 상황을 투자자들에게 신속히 공개하기 위해 상장기업이 의무적으로 작성하는 서류로, 증권거래소는 투자자가 안심하고 투자할 수 있도록 이러한 규칙을 정했다. 결산단신이라고 해서 짧을 것이라고 생각할 수 있지만 알고 보면 내용이 충실하다.

그리고 상장기업은 회사의 경영 상황에 현저한 영향을 주는 사건이나 결정이 발생한 경우에는 그 내용을 신속히 도쿄증권거래소에 공표해야 한다.

지진이 발생해서 공장이 무너졌거나, 코로나 때문에 영업을 중단했거나, 주식을 분할했거나, 배당을 늘리기로 결정했을 때도 즉시 공표할 의무가 있다.

엄밀히 말하면 이러한 내용을 기업 웹사이트에 공표할 의무는 없고 EDINET(유가증권보고서, 분기보고서, 임시보고서)와 적시 공시정보 서비스(결산단신)라는 플랫폼에 정보를 올릴 의무만이 존재한다. 그러나 많은 기업이 자사 웹사이트에도 이러한 법정 자료를 게시한다.

기업이 공시하는 것은 이러한 법정 자료만이 아니다. 법정 자료는 양식이 정해져 있고 관공서나 거래소에 제출하는 것이므로 내용이 딱딱하다. 기본적으로 흑백이며 글씨가 빽빽하다. 익숙해지고 나면 어디를 주목해서 읽어야 할지 알게 되지만, 수십 페이지에 달하므로 초보자에게는 어렵게 느껴질 것이다.

한 예로 에니그모의 유가증권보고서는 80페이지 이상이다.

확실히 유가증권보고서 등의 법정 공시자료에 기재된 사실을 알아 두면 투자에 분명 도움이 된다. 그러나 모든 주주와 투자자에게 그렇게 하도록 요구하기는 어렵다.

그래서 더 많은 주주와 투자자가 주식을 보유할 수 있도록 한다는 관점에서 더 이해하기 쉽게 만든 것이 **'결산 설명회 자료'**다. 이해를 돕기 위해 도표가 곁들어져 있고 색색으로 꾸며져 있어서 처음에는 이쪽이 더 읽기 편할 것이다.

그리고 회사에 따라서는 **'주주통신'**이라는 명칭으로 주주들을 위한 간단한 소책자를 작성하는 기업도 있다. 원래는 주주총회 관련 자료(총회 공고와 결의 공고), 배당금 계산서 등을 봉투에 넣어서 우편으로 보내는 것이었는데, 웹사이트에서 확인할 수 있는 내용이 대부분이다.

이러한 자료를 게시하는 웹사이트를 **'기업 웹사이트'**라고 한다. 서비스를 제공하는 사이트와 기업 웹사이트는 목적이 서로 다르기 때문에 분리되어 있는 경우가 많은 것이 특징이다.

서비스를 제공하는 웹사이트는 소비자를 대상으로 하는 반면 기업 웹사이트는 거래처나 투자자 등이 보는 것을 전제로 만든다. 다만 이미지가 아니라 사실을 알고자 하는 사람들이 보므로 내용이 다소 딱딱할 수도 있다.

에니그모의 예를 보면 원래 메인 서비스는 'BUYMA' 사업이며, BUYMA의 웹사이트(서비스용 웹사이트)는 기업 웹사이트와 완전히 분리되어 있다.

이러한 자료는 상장기업의 경리부, 총무부, 경영기획부가 분기별로 작성한다.

웹사이트의 구성은 회사마다 다르며 정답은 없다. 그러나 내용의 충실성뿐만이 아니라 보기 편한 것도 중요하다. 기업 이미지 등을 생각하며, 웹사이트가 정보 전달 수단으로 잘 활용되고 있는지 종합적으로 살펴보자.

❷ 웹사이트에서 주의해서 볼 부분

웹사이트에서 그 외에 어떤 점을 유의해야 할까?

우선 **회사의 메시지와 사장의 얼굴 사진이 있는지, 좋은 인상**을 주는지 확인하자.

상장기업의 사장, 특히 오너 기업의 사장이라면 얼굴을 드러내고 직접 메시지를 전달하는지 확인할 필요가 있다.

또 **메시지를 정기적으로 업데이트하는지** 살펴보자. 요즘은 코로나 시국이므로 직원들의 안전을 확보하면서 성과를 저해하지 않고 일하기 위한 조직 구성이 기업에 요구되고 있다. 사업을 확대하는 과정에서 이러한 점을 고려하고 있음이 메시지에 담겨 있는지도 확인하자.

정보가 오랫동안 업데이트되지 않는 것은 웹사이트를 운영할 때 투자자의 관점을 고려하지 않는다는 증거다.

Hamee와 에니그모의 예를 보면 모두 캐주얼한 옷을 입은 대표의 사진이 있다. 사장이 이런 차림으로 찍은 사진을 보여준다는 데에서 양복을 입고 일하는 환경이 아님을 알 수 있다. 그리고 사장이 40대라는 사실에서 젊은 직원들이 많을 것임을 상상할 수 있다.

사진이 없는 회사는 주의해야 한다. 오너 기업에 투자하는 경우는 특히 그렇다. 사장의 얼굴 사진이 없는 회사는 투자 대상에서 빼 버려도 좋다.

다음으로 **회사 설명회 자료가 있는지 확인한다.** 앞에서도 설명했듯 회사 설명회 자료란 이해하기 쉬운 형태로 만든 회사 자료로, 주주와 투자자를 위한 서비스다. 투자자 자신이 잘 아는 업계라면 괜찮지만 잘 알지 못하는 업계라면 우선 쉬운 자료부터 읽어나가며 이해를 넓히고 싶을 것이다. 이러한 쉬운 자료가 있으면 더 많은 투자자가 더 잘 이해할 수 있다.

한 가지 주의할 점이 있다면, 이 자료는 **회사 측의 의도가 짙게 담긴 자료가 되기 쉽다**는 점이다. 회사에 불리한 정보는 교묘하게 숨기고 유리한 부분을 강조한 자료다. 유가증권보고서와 결산단신에서는 그렇게까지 노골적인 취사선택을 할 수 없지만 회사 설명회 자료를 볼 때는 주의가 필요하다.

한 예로 회사 설명회 자료에 '3년 연속으로 매출과 이익 상승!'이라고 쓰여 있었는데, 잘 들여다보니 이번 분기의 이익 중 절반은 유가증권의 매각에서 나온 특별이익이었던 적이 있다. 전년도보다 이익을 조금 더 올리기 위해 그런 식으로 조정을 실시하는 회사가 의외로 많다.

자사 업무를 이해하기 쉽게 설명하는지도 중요한 부분이다. 일반 개인투자자는 아마추어이므로 그 업계에 대해 알 기회가 거의 없다. 본업이 투자분석가나 펀드매니저가 아니므로 새삼 공부하는 것도 귀찮다. 최근에는 이러한 사람들에게 회사를 조금이라도 더 알리기 위해 업무를 설명하는 동영상을 준비한 회사들도 있다.

Hamee의 기업 웹사이트를 보자. 주력 분야인 소매업(스마트폰 케이스 등)과 전자상거래 플랫폼 사업(넥스트엔진)의 설명을 몇 분 분량의 동영상으로 정리했다.

혹시 이러한 설명을 보아도 업무 내용이 이해되지 않거나 흥미가 생기지 않는다면 그 단계에서 투자할 필요는 없다. 투자의 기회는 얼마든지 있으므로 업무 내용을 이해한 후 투자하면 된다.

신입사원을 위한 특설 웹사이트(채용 페이지)를 보는 것도 좋은 방법이다. 채용 페이지는 젊은 사람들이 본다는 전제로 만든다.

취업을 준비하는 대학생들의 지식은 당연히 사회 경험이 있는 투자자보다 적으므로, 채용 페이지의 정보는 이해하기 쉽게 작성해야 관심을 끌 수 있다. 자사의 매력을 알려서 조금이라도 더 유능한 젊은이들을 입사시키고자 하는 생각은 모든 인사담당자들이 공통으로 가지고 있다.

그렇기에 대학생들을 위해 만든 웹사이트는 기업이 업무를 통해 어떻게 사회에 공헌하는지, 또 20대 사원들이 어떻게 일하고 있는지 보여줌으로써 그 회사에서 일하는 것에 대한 이미지를 형성시킬 의도로 만드는 경우가 많다.

물론 여기서도 회사에 불리한 사실은 숨긴다. (연공서열 때문에 급여가 오르지 않는다, 채용 페이지에 소개한 업무는 일부 직원들밖에 하지 못한다. 자신이 하고 싶은 업무는 할 수 없다. 자립적인 커리어를 쌓기 어렵다. 일하지 않고 월급을 받는 아저씨들이 많다 등) 그런 부분을 감안하고 살펴보는 것이 좋다. 투자 후보인 회사에 대해 알아간다는 의미로 채용 페이지를 보는 것이다.

웹사이트의 구성이 요즘 시대에 걸맞은지도 확인해 보자.

지금은 스마트폰으로 인터넷을 하는 것이 당연한 시대이므로 회사들도 스마트폰을 염두에 두고 웹사이트를 만든다. 컴퓨터로 접속하면 PC용 화면을 보여주고 스마트폰으로 접속하면 모바일용 화면을 보여준다. 당연한 이야기이지만, 이런 방식으로 웹사이트를 보기 편하게 만들었는지 확인해 보자. 정기적으로 방문해 주주와 투자자의 시점에서 웹사이트가 업데이트되고 있는지 확인하면 좋을 것이다.

직원들을 따로 소개하고 있는지도 중요하다. 기업 홍보를 위해 직원들을 영상에 출연시키는 경우가 있는데, 직원들이 활기차게 일하지 않는 회사는 영상도 매력적이지 않다.

반대로 영상에 출연하는 직원이 많다는 것은 그 회사를 좋아하고 오래 일하고자 하는 직원이 많다는 증거다.

Hamee의 회사 소개에서도 직원들이 일하는 모습을 설명하고 있다. 물론 회사일은 즐겁기만 한 것이 아니다. 하기 싫어도 해야 하는 일, 예산, 납기, 고객의 요구라는 제한 내에서 상품을 만들고 결과를 창출하는 일이 얼마나 힘든지도 전해져 온다. 실제 직원들의 업무를 엿볼 수 있는 귀중한 정보다.

❸ 정기적으로 웹사이트를 방문해 본다

투자하고 있는 회사, 앞으로 투자할 회사의 웹사이트를 **정기적으로 방문하자**. 웹사이트를 계속 보면 정보가 갱신되고 있는 부분과 그렇지 않은 부분을 알 수 있다.

아무리 기다려도 새로운 정보가 없으면 회사가 정보 전달에 그다지 주력하지 않는다는 느낌을 받는다. 투자자는 외부인이므로 기업이 전달하는 정보밖에 알 수 없다.

물론 그 정보에 더해 자신의 경험과 지혜를 총동원해서 투자하는 것이지만, 정보원인 웹사이트가 업데이트되지 않으면 투자자도 지식을 업데이트할 수 없다.

최소한의 정보와 법정 공시자료는 대부분의 회사가 웹사이트에 공개한다. 그러나 필자는 그 외의 정보가 적절한 시기에 공개되는지 확인한다.

그러면 어느 정도의 종목에 대해서 웹사이트를 확인해야 할까? 사실 웹사이트는 한 번 보고 나면 자료가 갱신되는 속도가 그다지 빠르지 않으므로 생각만큼 큰일은 아니다. 이러한 행동은 모든 것을 투자와 결부시켜 생각하는 훈련도 된다. 정기적으로 웹사이트를 확인하면 정기적으로 투자가의 사고방식으로 전환하는 효과도 있다. 긴장을 풀고 가벼운 기분으로, 마음 내킬 때 가끔씩 웹사이트에 들어가 보자.

❹ 영상도 확인하자

웹사이트를 확인하는 일도 마찬가지지만, 숫자만으로는 알 수 없는 회사의 개성과 영업 비밀을 탐색할 때 **영상은 효과적**이다.

의사의 진찰과 비슷한지도 모른다. 심전도, 채혈, CT 스캔, 소변 검사 등으로 혈당과 콜레스테롤 등 건강에 영향을 주는 수치를 측정하고 그것을 바탕으로 건강 상태를 확인할 뿐 아니라, 실제 환자에게 상태를 묻고, 몸을 만져 보고, 청진기로 맥박을 확인해서 병의 원인을 찾아내는 것이다.

이것을 투자에 적용하면 재무 지표와 경영상의 중요한 핵심성과지표(KPI: Key Performance Indicator)를 확인하는 일은 숫자로 회사의 경영 상태를 확인하는 작업이다. 영상을 보는 일은 거기서 더 나아가 **경영자를 비롯한 관계자들이 역량을 제대로 발휘해 일하고 있는지, 이 회사의 이익은 왜 발생하는지**에 대한 비밀을 나름대로 찾아내는 작업이다.

영상에서는 글만으로는 전달되지 않는 정보를 알 수 있다. 앞에서 경영자의 사진 한 장만으로 다양한 사실을 알 수 있음을 설명했는데, 영상에서는 그보다 더 많은 정보를 얻을 수 있다.

다만 회사의 공시 정보 영상은 오락성도 없고 그 숫자도 적다. 보는 사람도 적어서 조회 수가 서너 자리 정도다.

그렇다고는 해도 회사의 공시 정보는 공부하는 사람이 의외로 적기 때문에 투자자로서 남들과 차별화할 수 있는 부분이다. 영상을 통해서도 회사의 개요를 파악해 두자.

기본적인 회계 지식을 익힌다

필자는 성장주에 투자할 때, 이익이 계속 상승하는 회사는 언젠가 주가가 이익 수준을 따라잡는다는 전제로 투자한다. 이익의 상승 여부는 재무제표에 기재되어 있다. 그 재무제표를 읽기 위해서는 역시 **회계 지식**이 필수다.

회계 지식이라는 말만 들어도 거부반응을 일으키는 사람들이 있다. 필자는 앞에서 소개한 대로 초보자들이 이해하기 쉽도록 우선 가계에 빗대서 생각하도록 권장한다. 철저히 이해할 수 있을 때까지 구체적인 예를 간결하게 바꾸는 것이다.

개인투자자는 회계 전문가가 될 필요가 없다. B급 투자자는 기본적으로 기업이 매출과 이익을 늘리고 있음을 확인하고, 거기에 더해 필요한 범위 내에서 회계 지식을 익히면 된다.

투자 관련 서적을 한 달에 한 권 읽고 감상을 써 본다

책을 읽는 사람이 의외로 적은 것이 현실이다. 책에는 정보가 잘 정리되어 있기 때문에 책 한 권을 읽는 일은 효율적으로 정보를 얻을 수 있다는 점에서 매우 의미가 있다.

다만 책을 읽는 일 자체만으로 충분히 의미가 있지는 않다. **책의 내용을 정리해 보거나 감상을 써 보자**. 궁금증이 생기는 부분에 표시를 해 두는 것도 좋은 방법이다. 사람의 머리는 행동을 통해 기억을 형성하도록 되어 있다.

필자도 세미나를 시작하고 나서 남들을 가르치기 위해 지식을 계속 글로 정리한 결과, 체계적으로 책을 쓸 수 있을 만큼 주식에 대한 지식이 머리에 축적되었다.

〈會社四季報〉를 읽어 본다

〈會社四季報(회사사계보)〉는 투자의 판단에 필요한 정보를 간결하게 정리한 정보지다. 역사가 길어서 2차 대전 전으로 거슬러 올라간다. 정보는 한 페이지에 위아래로 두 회사, 좌우로 네 회사로 구성되어 있다.

〈會社四季報(회사사계보)〉에는 모든 상장회사가 증권 코드 순서대로 실려 있다. 3개월에 한 번 발행되므로 타이밍에 따라서는 최근 상장한 회사는 실려 있지 않을 수도 있다.

옛날에는 〈會社四季報(회사사계보)〉의 내용이 지금보다 더 중요해서, 발매일이 되면 투자자들이 모두 〈會社四季報(회사사계보)〉를 구입하던 시절도 있었다. 긍정적인 내용이 실려 있으면 그 자체가 재료가 되는 경우도 있었던 모양이다.

❶ 〈會社四季報(회사사계보)〉는 회사의 개요를 파악하는 데에 이용한다

간결한 주식투자 정보를 얻을 수 있다는 의미에서 〈會社四季報(회사사계보)〉는 여전히 중요하다. 특히 효과적인 활용법은 **정확한 과거 자료를 한눈에 확인**하는 것이다.

지면 관계상 모든 정보를 싣는 일은 도저히 불가능하기에 중요한 항목만이 실려 있다. 그러므로 〈會社四季報(회사사계보)〉에 실린 숫자는 회사의 경영 상태를 파악할 때 중요한 숫자다.

과거의 숫자는 편집부가 책임을 지고 기재하므로 신뢰할 수 있다. 그러나 기자들이 쓴 향후 예상은 대부분 회사의 실적 예상이며 아무도 책임지지 않는 숫자다. 다음 분기에 이익을 얼마나 계상할지 하는 문제는 경영진의 판단에 달려 있다. 적극적으로 투자하기로 결정해도 이익이 줄어들고, 특별손실이 발생해도 이익이 줄어든다. 반대로 원래는 투자를 할 생각이었지만 실천하지 못했다면 이익은 증가한다.

〈會社四季報(회사사계보)〉의 과거 자료는 유가증권보고서와 분기보고서에서 발췌한 것이다. 원본을 보는 것이 가장 좋지만 모든 종목의 보고서를 볼 시간은 없다. 그래서 우선 〈會社四季報(회사사계보)〉에서 괜찮아 보이는 종목을 찾는 것이다. 그때 필자가 염두에 두는 점은 다음과 같다.

이 책은 〈會社四季報(회사사계보)〉를 읽는 법에 대한 책은 아니므로 요점만 설명하겠다.

❷ 살펴볼 부분……①실적

우선 주식투자를 할 때 중요한 정보는 [실적]이다. 주목할 점은 **제품과 서비스를 얼마나 팔고 돈을 얼마나 벌었는지**다. 돈을 많이 벌수록 회사에 돈이 들어오므로 회사의 가치가 올라간다. 기업이 벌어들인 돈은 배당금으로 지불할 수 있는 돈이므로, 회수할 수 있는 금액이 늘어난다는 기대감에서 주가가 상승한다. 물론 그 반대의 경우도 있다.

다음으로 [특색]란을 보자. 이 부분을 보면 **무엇을 하는 회사인지** 한눈에 알 수 있다. 회사의 개요가 한 줄로 이해하기 쉽게 정리되어 있는 점이 놀랍다.

사업의 종류는 종목을 탐색하는 단서가 되는데, 투자 대상에 들어가지 않는 종목(인프라 계열 등)을 제외한다는 의미도 있다.

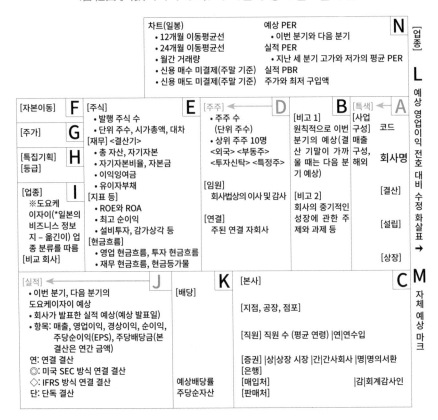

〈會社四季報(회사사계보)〉의 지면 구성과 살펴볼 부분

이 부분을 보고 조금 관심이 생기면 회사의 웹사이트를 방문해서 자세히 알아본다. 이 단계에서도 기업의 업무 내용이 이해되지 않는다면 무리해서 투자할 필요는 없다. 이 세상의 모든 일을 알 수는 없으므로 자신이 아는 분야와 흥미가 있는 분야에 한정해서 투자하면 된다.

❹ 살펴볼 부분……ⓓ주주

주주 구성은 회사의 권력 균형을 나타낸다. 대주주에 창업자의 이름이 있으면 그 회사는 **오너 기업일 가능성이 높다**고 할 수 있다. 그 회사에 투자할지 판단할 때는 상위 주주 구성을 반드시 참고해야 한다.

또 **기관투자자가 얼마나 들어가 있는지**도 확인한다. 회사가 성장하면 점차 기관투자자의 포트폴리오에 포함된다. 상장 초기에는 경영진과 가까운 사람들이 상위에 많이 보이지만 곧 신탁은행과 펀드 명의의 주주가 늘어난다.

종목을 탐색할 때 최소한 이 세 부분을 참고하자.

투자자들의 소통에 참여한다

주식투자를 통한 자산 형성은 긴 여행이다. 1년이나 2년으로 끝나는 것이 아니라 자신의 자산 형성 목표가 달성될 때까지 몇 년, 몇십 년에 걸쳐 계속한다.

그리고 그 여정은 항상 평탄하지는 않다. 때로는 주식시장이 폭락해서 투자를 그만두고 싶을 때도 있을 것이다. 자신이 가진 주식만 오르지 않아서 안달이 나는 일도 있을 것이다.

애초에 어디서부터 시작해야 좋을지 모르는 사람도 있을 것이다.

그럴 때 자신과 비슷한 목표로 계속 투자하는 투자자들과의 소통에 참여하면 자극도 받을 수 있고 재미도 있다.

다만 여기서 주의할 점은 직접적으로 돈이 되는 이야기를 들으러 가는 것이 아니라는 점이다. 그보다 근본적으로 **투자자들의 사고방식 차이를 느끼기 위해** 참여하는 것이다.

예를 들어 수익을 올리지 못하는 사람은 투자에 공포심을 느낀다. 투자로 성공한 사람은 리스크를 짊어지는 일을 당연하게 생각한다.

또 '이익 확정과 손절을 어떻게 실시하고 있는가', '종목을 어떻게 선정하는가', '어떻게 해서 지금의 스타일을 몸에 익혔는가' 등 타인에게 배울 점은 많이 있을 것이다.

성공적인 투자자가 초보자 시절에 어떤 실패를 했는지 들려주기도 한다. 이러한 귀중한 이야기는 대화 도중 무심코 흘러나오는 것이며, 온라인에서는 듣기가 어렵다. 누구나 볼 가능성이 있는 **환경에서는 말할 수 없는 내용이 많기 때문이다.**

또 투자는 고독한 작업이 되기 쉽다. 게다가 투자에 대해 당당하게 이야기하는 분위기가 없다. 투자에 대해 그다지 이야기하고 싶어 하지 않는 사람도 많고, 투자 이야기를 하면 부정적으로 받아들여지는 경우도 있다.

그래서 투자에 대해 이야기하는 장은 소수파의 사람이 있는 곳에 적극적으로 나가지 않으면 발견하기 어렵다. 투자자들 중에는 자신 나름의 세계관을 가진 사람이 많다. 이러한 사람들과의 교류는 가정과 직장에 이은 '제3의 보금자리'가 될 수도 있다.

최종적으로는 자신의 스타일을 가지게 되겠지만, 다른 투자자들과 의견을 교환하며 단서를 찾아 나가는 일은 자신의 투자를 다시 바라보는 좋은 자극이 될 것이다.

마치며—

마지막까지 읽어 주셔서 감사합니다.

이제까지 성장주 투자에 대해 얻은 지식을 이야기했는데, 사실 저는 그동안 수많은 실패를 반복했습니다. 지금은 남들 앞에서 세미나를 하며 투자법을 가르치고 있지만, 그전에는 제가 머릿속에서 해 온 일을 글로 정리해 본 적이 없었습니다.

매번 세미나 뒤에 수강생들을 위한 후속 보고서라는 형태로 나름대로 강의 메모를 작성함으로써 머릿속이 정리되고, 나아가 스스로 그것을 읽어 봄으로써 아는 것과 모르는 것을 구분할 수 있게 되었습니다.

나 자신이 정말로 이해하고 있는지, 쉬운 말로 전달할 수 있는지가 성공적인 투자의 방법론을 체득했는지의 판단 기준입니다. 그러므로 독자 여러분도 스스로를 위해 그렇게 하기 바랍니다.

그리고 아는 것을 외부로 표현하면 머리를 비울 수 있습니다. 그렇게 해서 새로운 지식을 얻을 수 있고 새로운 종목에 투자할 수 있습니다.

그러나 대부분의 사람은 거기까지 하지 않습니다. 계속하기만 하면 투자 실력이 느는 일인데도 그렇습니다. 자신이 아는 내용을 글로 써 보면 투자자로서의 식견은 틀림없이 넓어집니다.

유감스럽게도 투자에서 최종적으로 돈을 벌지 잃을지는 저도 솔직히 모릅니다. 이 책에서는 돈을 벌 확률이 높은 방법을 소개했지만 무슨 일이 일어날지 모르는 것이 주식투자의 세계입니다. 그러나 무슨 일이 일어날지 모르기에 주가가 움직이고 돈을 벌 가능성이 생긴다고 말할 수도 있습니다. 불확실성이 해소되면서 주가는 조정되기 때문입니다.

확실하게 보증할 수 있는 것은 지식이 깊어지고 직장인으로서 성장할 수 있다는 점입니다. 사회생활이 길어지면 업무가 반복적이 되고 자극도 없어지기 쉬운데, 주식투자의 지식을 항상 습득하면 매너리즘을 막는 데에 효과적일 수 있습니다.

성장이 기대되는 종목을 찾아내는 일은 어렵지 않습니다.

지금은 스크리닝 기능을 사용하면 쉽게 종목을 골라낼 수 있습니다. 애초에 개별주 투자에 중요한 정보는 온라인에 모두 무료로 공개되어 있으며, 그 외에 특별한 정보는 없습니다. 장기 투자에서도 예전에 존재했던 프로와 아마추어의 정보 격차는 이제 존재하지 않게 되었습니다.

그러면 성공하는 투자자와 실패하는 투자자를 가르는 요인은 무엇일까요? 이 책에서도 썼듯 결국은 기본에 충실한 투자를 고수하는 일입니다.

저도 아직 계속 공부하는 처지이지만, 투자는 공부하는 만큼 이득이 되는 멋지고 실용적인 분야입니다. 독자 여러분도 주식투자를 통해 자산 형성은 물론이고 시야를 넓혀 보람 있는 인생을 살아가기 바랍니다.

이 책이 그 이정표가 되기를 소망합니다.

마지막으로 제 블로그를 읽어 주시는 분들, 세미나 수강생 분들, 세미나를 공동 주최하는 파트너 미우라 님, 주식투자 세미나와 중고등학생을 위한 주식투자 세미나의 운영을 흔쾌히 도와주시는 분들, 출판에 대해 조언을 주신 주식회사 온더보드 대표이사 와다 님, 포레스트 출판의 이나가와 님을 비롯한 편집부 분들, 집필에 필요한 시간을 내도록 기꺼이 도와 준 가족들, 그리고 무엇보다 이 책을 골라서 끝까지 읽어 주신 독자 여러분께 다시금 감사드립니다.

어느 좋은 날 나가타 준지

※성장주 투자 온라인 살롱을 운영하고 있습니다.
https://www.groth-stock.com

역자 소개 이정미

연세대학교 경제학과를 졸업하였으며, 이화여자대학교 통역번역대학원에서 번역학 석사학위를 취득했다. 현재 번역 에이전시 엔터스코리아 일본어 전문 번역가로 활동하고 있다.

주요 역서로는 《주식 데이트레이딩의 신 100법칙》, 《줄서는 미술관의 SNS 마케팅 비법》, 《사운드 파워》, 《패권의 법칙》, 《주식투자 1년차 교과서》, 《성공하는 말투 실패하는 말투》, 《하버드 스탠퍼드 생각수업》 등이 있다.

자산이 늘어나는 주식투자
샐러리맨 투자자를 위한 지침서

1판 1쇄 발행 2022년 1월 6일

지은이 **나가타 준지(長田淳司)**
옮긴이 **이정미**
발행인 **최봉규**

발행처 **지상사(청홍)**
등록번호 제2017-000075호
등록일자 2002. 8. 23.
주소 서울특별시 용산구 효창원로64길 6 일진빌딩 2층
우편번호 04317
전화번호 02)3453-6111, 팩시밀리 02)3452-1440
홈페이지 www.jisangsa.co.kr
이메일 jhj-9020@hanmail.net

한국어판 출판권 ⓒ 지상사(청홍), 2022
ISBN 978-89-6502-308-1 03320

주식 차트의 神신 100법칙

이시이 카츠토시 / 이정은

저자는 말한다. 이 책은 여러 책에 숟가락이나 얻으려고 쓴 책이 아니다. 사케다 신고가를 기본으로 실제 눈앞에 보이는 각 종목의 움직임과 조합을 바탕으로 언제 매매하여 이익을 얻을 것인지를 실시간 동향을 설명하며 매매전법을 통해 생각해 보고자 한다.

값 16,000원 국판(148*210) 236쪽
ISBN978-89-6502-299-2 2021/2 발행

주식의 神신 100법칙

이시이 카츠토시 / 오시연

당신은 주식 투자를 해서 좋은 성과가 나고 있는가? 서점에 가보면 '주식 투자로 1억을 벌었느니 2억을 벌었느니' 하는 책이 넘쳐나는데, 실상은 어떨까? 실력보다는 운이 좋아서 성공했으리라고 생각되는 책도 꽤 많다. 골프 경기에서 홀인원을 하고 주식 투자로 대박을 낸다.

값 15,500원 국판(148*210) 232쪽
ISBN978-89-6502-293-0 2020/9 발행

세력주의 神신 100법칙

이시이 카츠토시 / 전종훈

이 책을 읽는 사람이라면 아마도 '1년에 20%, 30%의 수익'이 목표는 아닐 것이다. '짧은 기간에 자금을 10배로 불리고, 그걸 또 10배로 만든다.' 이런 '계획'을 가지고 투자에 임하고 있을 것이다. 큰 이익을 얻으려면 '소형주'가 안성맞춤이다. 우량 종목은 실적이 좋으면 주가 상승을…

값 16,000원 국판(148*210) 240쪽
ISBN978-89-6502-305-0 2021/9 발행

영업은 대본이 9할

가가타 히로유키 / 정지영

이 책에서 전달하는 것은 영업 교육의 전문가인 저자가 대본 영업 세미나에서 가르치고 있는 영업의 핵심, 즉 영업 대본을 작성하고 다듬는 지식이다. 대본이란 '구매 심리를 토대로 고객이 갖고 싶다고 "느끼는 마음"을 자연히 끌어내는 상담의 각본'을 말한다.

값 15,800원 국판(148*210) 237쪽
ISBN978-89-6502-295-4 2020/12 발행

영업의 神신 100법칙

하야카와 마사루 / 이지현

인생의 고난과 역경을 극복하기 위해서는 '강인함'이 반드시 필요하다. 내면에 숨겨진 '독기'와도 같은 '절대 흔들리지 않는 용맹스러운 강인함'이 있어야 비로소 질척거리지 않는 온화한 자태를 뽐낼 수 있고, '부처'와 같은 평온한 미소로 침착하게 행동하는 100법칙이다.

값 14,700원 국판(148*210) 232쪽
ISBN978-89-6502-287-9 2019/5 발행

리더의 神신 100법칙

하야카와 마사루 / 김진연

리더가 다른 우수한 팀을 맡게 되었다. 하지만 그 팀의 생산성은 틀림없이 떨어진다. 새로운 다른 문제로 고민에 휩싸일 것이 뻔하기 때문이다. 그런데 이번에는 팀 멤버를 탓하지 않고 자기 '능력이 부족해서'라며 언뜻 보기에 깨끗하게 인정하는 듯한 발언을 하는 리더도 있다.

값 15,000원 국판(148*210) 228쪽
ISBN978-89-6502-292-3 2020/8 발행

경매 교과서

설마 안정일

저자가 기초반 강의할 때 사용하는 피피티 자료랑 제본해서 나눠준 교재를 정리해서 정식 책으로 출간하게 됐다. A4 용지에 제본해서 나눠준 교재를 정식 책으로 출간해 보니 감회가 새롭다. 지난 16년간 경매를 하면서 또는 교육을 하면서 여러분에게 꼭 하고 싶었던…

값 17,000원 사륙배판(188*257) 203쪽
ISBN978-89-6502-300-5 2021/3 발행

생생 경매 성공기 2.0

안정일(설마) · 김민주

이런 속담이 있죠? '12가지 재주 가진 놈이 저녁거리 간 데 없다.' 그런데 이런 속담도 있더라고요. '토끼도 세 굴을 판다.' 저는 처음부터 경매로 시작했지만, 그렇다고 지금껏 경매만 고집하지는 않습니다. 경매로 시작했다가 급매물도 잡고, 수요 예측을 해서 차액도 남기고…

값 19,500원 신국판(153*224) 404쪽
ISBN978-89-6502-291-6 2020/3 발행

설마와 함께 경매에 빠진 사람들

안정일 · 김민주

경기의 호황이나 불황에 상관없이 경매는 현재 시장의 시세를 반영해서 입찰가와 매매가가 결정된다. 시장이 나쁘면 그만큼 낙찰 가격도 낮아지고, 매매가도 낮아진다. 결국 경매를 통해 수익을 얻는다는 이치는 똑같아 진다. 그래서 경매를 잘하기 위해서는…

값 16,800원 신국판(153*224) 272쪽
ISBN978-89-6502-183-4 2014/10 발행

주식투자 1년차 교과서

다카하시 요시유키 / 이정미

오랫동안 투자를 해온 사람 중에는 지식이 풍부한 사람들이 있다. 그러나 아쉽게도 지식이 풍부한 것과 투자에 성공하는 것은 서로 다른 이야기다. 투자에서는 '잘 안다'와 '잘 한다' 사이에 높은 벽이 있다. 이 책에서는 '잘할' 수 있도록, 풍부한 사례를 소개하는 등 노력하고 있다.

값 15,800원 국판(148*210) 224쪽
ISBN978-89-6502-303-6 2021/5 발행

월급쟁이 초보 주식투자 1일 3분

하야시 료 / 고바야시 마사히로 / 노경아

무엇이든 시작하지 않으면 현실을 바꿀 수 없다는 것을 깨닫고 회사 업무를 충실히 수행하면서 주식을 공부해야겠다고 결심했다. 물론 주식에 대한 지식도 경험도 전혀 없어 밑바닥에서부터 시작해야 했지만, 주식 강의를 듣고 성과를 내는 학생들도 많았으므로 좋은 자극을 받았다.

값 12,700원 사륙판(128*188) 176쪽
ISBN978-89-6502-302-9 2021/4 발행

텐배거 입문

니시노 다다스 / 오시연

틈새시장에서 점유율 1위인 기업, 앞으로 높이 평가받을 만한 신흥기업을 찾아내 투자하는 것이 특기였다. 그 결과 여러 번 '안타'를 칠 수 있었다. 10배 이상의 수익을 거두는 이른바 '텐배거' 종목, 즉 '만루 홈런'은 1년에 한 번 있을까 말까다. 하지만 두세 배의 수익을 내는 주식…

값 16,000원 국판(148*210) 256쪽
ISBN978-89-6502-306-7 2021/10 발행

세상에서 가장 쉬운 통계학 입문

고지마 히로유키 / 박주영

이 책은 복잡한 공식과 기호는 하나도 사용하지 않고 사칙연산과 제곱, 루트 등 중학교 기초수학만으로 통계학의 기초를 확실히 잡아준다. 마케팅을 위한 데이터 분석, 금융상품의 리스크와 수익률 분석, 주식과 환율의 변동률 분석 등 쏟아지는 데이터…

값 12,800원 신국판(153*224) 240쪽
ISBN978-89-90994-00-4 2009/12 발행

세상에서 가장 쉬운 베이즈통계학 입문

고지마 히로유키 / 장은정

베이즈통계는 인터넷의 보급과 맞물려 비즈니스에 활용되고 있다. 인터넷에서는 고객의 구매 행동이나 검색 행동 이력이 자동으로 수집되는데, 그로부터 고객의 '타입'을 추정하려면 전통적인 통계학보다 베이즈통계를 활용하는 편이 압도적으로 뛰어나기 때문이다.

값 15,500원 신국판(153*224) 300쪽
ISBN978-89-6502-271-8 2017/4 발행

만화로 아주 쉽게 배우는 통계학

고지마 히로유키 / 오시연

비즈니스에서 통계학은 필수 항목으로 자리 잡았다. 그 배경에는 시장 동향을 과학적으로 판단하기 위해 비즈니스에 마케팅 기법을 도입한 미국 기업들이 많다. 마케팅은 소비자의 선호를 파악하는 것이 가장 중요하다. 마케터는 통계학을 이용하여 시장조사 한다.

값 15,000원 국판(148*210) 256쪽
ISBN978-89-6502-281-7 2018/2 발행

대입-편입 논술 합격 답안 작성 핵심 요령 150

김태희

시험에서 합격하는 비결은 생각 밖으로 단순하다. 못난이들의 경합에서 이기려면, 시험의 본질을 잘 알고서 그것에 맞게 올곧게 공부하는 것이다. 그러려면 평가자인 대학의 말을 귀담아들을 필요가 있다. 대학이 정부의 압력에도 불구하고 논술 시험을 고수하는 이유는….

값 22,000원 신국판(153*225) 360쪽
ISBN978-89-6502-301-2 2021/2 발행

대입-편입 논술에 꼭 나오는 핵심 개념어 110

김태희

논술시험을 뚫고 그토록 바라는 대학에 들어가기 위해서는 논술 합격의 첫 번째 관문이자 핵심 해결 과제의 하나인 올바른 '개념화'의 능력이 필요하다. 이를 위해서는 관련한 최소한의 배경지식을 습득해야 하는데, 이는 거창한 그 무엇이 아니다. 논술시험에 임했을 때…

값 27,000원 신국판(153*225) 512쪽
ISBN978-89-6502-296-1 2020/12 발행

독학 편입논술

김태희

이 책은 철저히 편입논술에 포커스를 맞췄다. 편입논술 합격을 위해 필요한 많은 것들을 꾹꾹 눌러 채워 넣었다. 전체 8장의 단원으로 구성되었지만, 굳이 순서대로 공부할 필요는 없다. 각 단원을 따로 공부하는데 불편함이 없도록, 겹겹이 그리고 자세히 설명했다.

값 45,500원 사륙배판(188*257) 528쪽
ISBN978-89-6502-282-4 2018/5 발행